How to write composition & essay

これだけは知っておきたい「作文」「小論文」の書き方

模範文例・テクニックでは通用しない!
本物の「書く力」が身につく!

◉採点者の視点&合否ポイントがわかる! 添削例付き
◉これで絶対合格! 頻出テーマ別「書き方」「考え方」のポイント
◉構成の立て方・書き始め・書き終わり・原稿用紙の使い方…など

国語作文教育研究所 所長
宮川俊彦【著】

フォレスト出版

はじめに

改訂版になることは嬉しい。かなり読まれているようでご連絡をいただく。決して難解ではなく、基本を大切にしている。

世の中に多くのアンチョコ本が刊行されている。本番試験の採点や分析をしている立場からすれば、教本丸写しなどは近年目につく。規定言辞、当該言辞の無前提な踏襲《とうしゅう》も目に余る。学生も会社員も公務員も同一語句を用いているなど、やはり目先のハードルさえ超えたらいいという要領とか、傾向と対策論でいいとしている向きがある。

これはよくない。それに配点を多くするような採点者は過去だ。今日は問題意識や本質を問う。まともな人間たちでないと困るからだ。ゲームのような試験の時代はそろそろ終《しゅう》焉《えん》だ。いや、お終《しま》いにしなくてはならない。

横並びは高度成長期の残滓《ざんし》。協調の意味を解せず同調でしかなかったこの国のあらゆる現場は皆似たような問題を抱えている。それへの解明も打開も規定言辞で済ませられるとしたら、そんないい加減な人間では困る。

真摯《しんし》でなくてはならないし独自でなくてはならない。独自と独善の違いも判らぬような者に採点も評価もできない。

作文は今日随所《ずいしょ》で語られるようになった。機会もある。しかし多くは添削。そして評価者の枠組みにある。それが水準になっている。仕方ないことだが、それへの問題を克服しようとしている学校も企業もある。過渡期にあると言っていい。

言葉が人を作り、社会や国を作る。この原理は踏まえておいてほしい。

この本は刊行以来評判になったが、中間層を対象としている。これは標準としておくといい。更に高次に向かうための基礎としていい。

論作文は、書き進めるものではない。組み立てるものだ。それが一つ。更に思ったことを正直に書くというものでもない。視点や観点によって成立する論理が主だ。それが一つ。世間の通り相場の論理など誰でも知っている。それを土台とした認識があるといい。それが一つ。

後は展開、具体構築の方法を書いている。それも基本だ。

例文を多く出したいが模倣化への危惧《きぐ》がある。それでもやや角度を変えている。

一歩前進と考えて取り組んでほしい。

２０１１年10月

宮川俊彦

もくじ

第2章 読みやすい原稿用紙の使い方・文章表記の基本

第3章 どんなテーマもスラスラ書ける「考える力」のつけ方

第4章 「書く力」は、「自分自身」について考えることで鍛えられる

第5章 添削例付　頻出テーマ別「書き方」「考え方」

第6章 「構成」「書き出し」「終わり」で、読みやすく印象に残る文章にする

第1章

合格する「作文」「小論文」は何が違うのか？

1 形式だけの作文・小論文では採用も合格もない

ウエイトが上がり、高いレベルが求められるようになった！

◉――従来の作文・小論文の書き方では意味がない！

作文でも小論文でも、試験に合格するためのポイントがあります。ただし、**これまでの書き方では会社に採用されませんし、試験に合格もできません**。それは、**採点するポイントが、以前の「作文・小論文」より大きくレベルアップしてきた**からです。

その前にまず、作文・小論文との大きな違いは、与えられたテーマに対して証拠や確証によってそれを証明するかしないかによります。難しく言うと、「実証性を軸」にするかどうかということになります。

文章には論理性が大事だと思っている人が多いと思います。多くの作文・論文の指導者は、形式的にいろいろな違いを示して、「作文はこうあるべきだ」「論文はこうあるべきだ」と注文をつけたがりますが、実はあまり意味がなくなってきています。

形式や条件に沿った作文・小論文を書こうと努力することは、合否という点から見れば紋切り型の解答となってしまい、人事担当者や試験官の目に留まりません。

「作文・小論文」の採点の基準が変わってきた

以前の作文・小論文 ⟷ **違い** ⟷ **今の作文・小論文**

与えられたテーマに対して証拠や確証によって
それを証明するかしないか。
「実証性を軸」にするかどうかということ

以前は……

形式・条件に沿っているか、
型に収まっているかどうかの評価

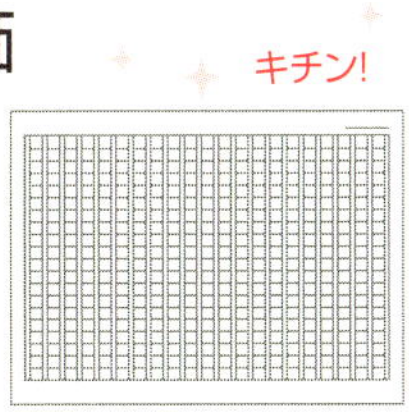

現在は……

ウエイトが上り、高いレベルが求められている!
「**言いたいこと**」ではなく「**言うべきこと**」を
言えているかどうかの評価

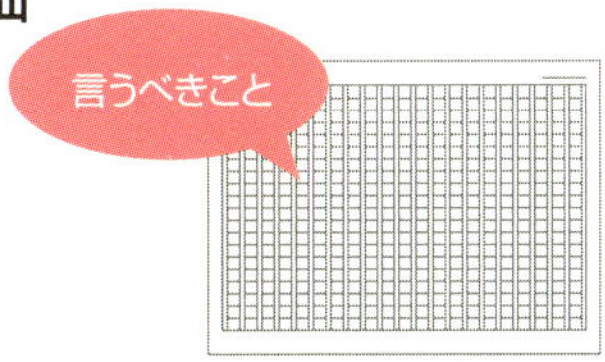

◉──現在の作文・小論文で大切なこと

では、現在の作文・小論文では何が大切なのでしょうか？

それは、言うまでもなく **「中身」** です。とはいえ、人事担当者や試験官も人間ですから、ピンからキリまでいます。しかし、するどい人事担当者や試験官は書かれている言葉や文章はもちろん、あなたの言語表現の周辺までも評価します。

作文や小論文は、そうした非言語の領域やあなたの人間性、現在の心境、あなたのキャリアまでも読み取られてしまうある意味怖ろしい試験なのです。

これまでの形式的な作文・小論文という課題は、型に収まっているかどうかの評価や、よく学習しているかなどで出題されていました。つまり、条件に合っているかどうかで判定されていたのです。

しかし現在、高いレベルの人が求められていますので、**作文・小論文に対するウエイトが年々高くなってきている**と言えます。これまでは、文章が形式的にまとまっていて「言いたいこと」を主張できる人がよしとされていましたが、現在では、作文・小論文が本来持っている「中身」が重要視されています。**「言いたいこと」を言うのではなく、「言うべきこと」をしっかり言っているか**、その「中身」によって採用・不採用や合格・不合格が決まるのです。

あなたの「人間性」が勝負になる!

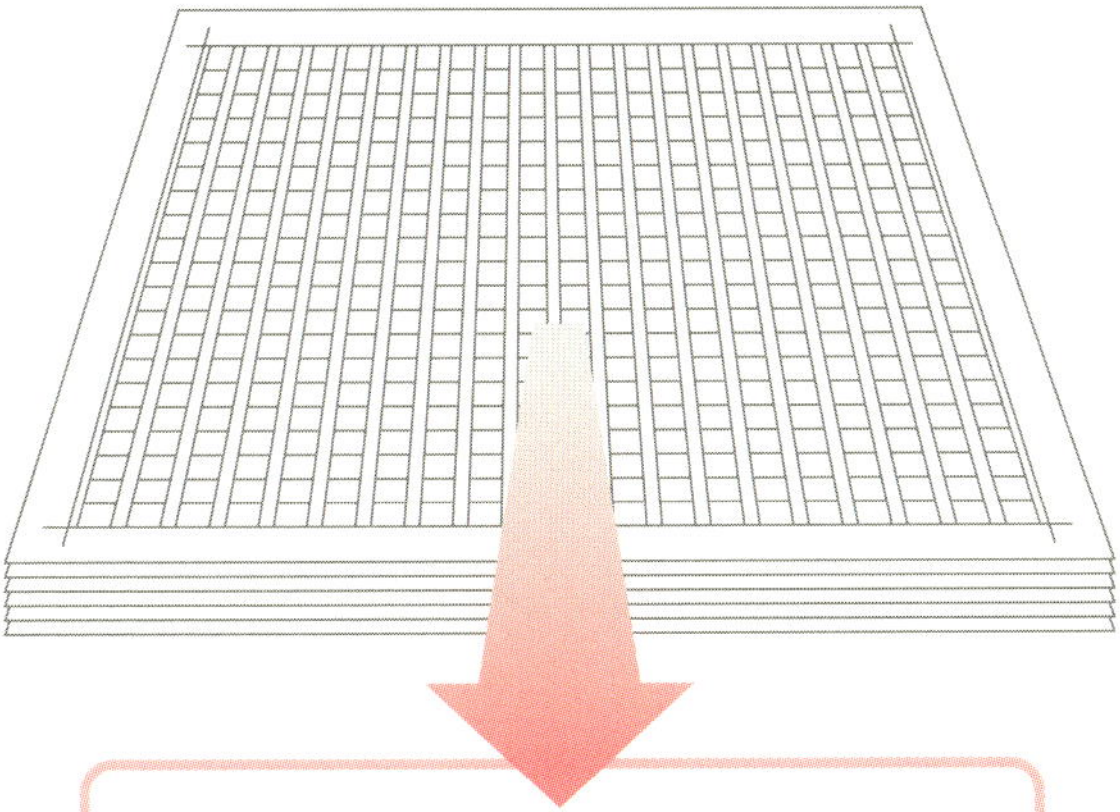

人事担当者や試験官は、
言語表現だけを見ているのではない!
あなたの「**人間性**」「**心境**」「**キャリア**」
まで読み取っている!

2 採用され、合格する作文・小論文は「中身」が勝負

「読み手は何を求めているか？」を読み取る力が必要

◉——「主張」「内容のよさ」ではない

形式よりも「中身」が大切な作文・小論文ですが、「中身」は何によって決まると思いますか？　実はここが大きな落とし穴で、多くの人が「主張」や「内容のよさ」を競おうとします。

しかし、忘れてしまっている人物がいませんか？　そうです。就職試験や昇級試験なら、その会社の人事担当者という評価をする人たちです。資格試験なら、その団体や試験官ということになります。

この人たちが**何を求めて作文や小論文のテーマを出題しているのか、その読解力がためされるのが作文・小論文の試験**だと思ってください。**彼らが求めているものを読み取り、そこに状況や時代性、環境などを読み取っていくのです。**これらをどう表現するか、ここが合格する作文・小論文の分かれ目になります。私はこれを「対象の読解」と呼んでいます。

試験官は何を求めているか?

「主張」「内容のよさ」ではない

「人事担当者、試験官は『何』を求めて、
このテーマを出したのか?」
ここを読み取る!

テーマ
「10年後の私について」

何が求められている?
何が知りたい?

「対象の読解」が
合否の分かれ道

◉──文章の上手下手ではない！　日頃からの**「考える力」**が物を言う

そこで、あなたには徹底して対象の読解をしていってほしいと思います。人が読めない、状況が読めないという人は試験に落ちてしまいます。相手の評価の基準や相手のレベルをしっかり把握して、あなたの表現をどう出していくか、戦略的に作文・小論文を攻略してください。

私は作文・小論文は**「戦略的な自己表現」**だと教えています。あなたに考えてほしいのは、テーマが出されたら、この場合は**「企画になるかな」**と考えてみることです。「企画」とは相手が納得し、評価してくれるものでなければなりません。

その際に、正直に自分をそのまま語ろうとすれば、それはもはや小学校低学年のときに「そのままでいいんだよ」と言われた状態から進化していないのと同じです。先ほども「言いたいこと」を書くのではなく「言うべきこと」を書くと述べましたが、**「企画」とはまさに、「言うべきこと」をどう表現するか**ということなのです。

重要なのは「戦略的な自己表現」です。でも、私の言う表現とは文章が上手ということではありません。実は表現の世界というものは奥深く、生き方、仕事に対する姿勢、日常の何気ない会話、仕事の成果などすべてのものが含まれています。

だから、日頃から自己やあらゆる状況、環境に対して**「考える力」**をつけておかないと、作文や小論文の世界では化けの皮がすぐにはがれてしまうのです。

作文・小論文は「戦略的な自己表現」だ

戦略的な自己表現

正直にそのままを語るのではない！
「**言うべきこと**」をどう表現するか

「表現」とは…

- 生き方
- 仕事に対する姿勢
- 日常の何気ない会話
- 仕事の成果

など
すべてのものが含まれる

↓

日頃から、あらゆる状況・環境に対し
「**考える力**」を持つ

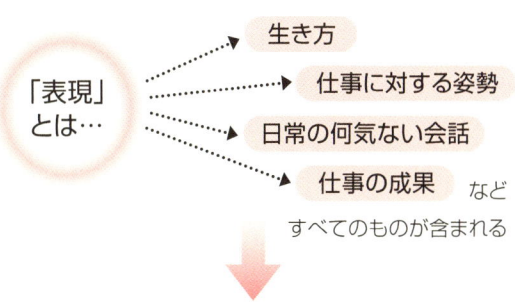

3 作文とは何だろうか?

作文とは、「何も制約のない文章」。首尾一貫性がポイント

◉──限られた文字数の中でいかに「自己表現」をするか

作文というのは、何も制約のない文章のことを言います。

エッセイも散文も小説も広い意味では作文ですし、思いや感覚を綴った取り留めのない文も作文になります。よく作文は「起承転結」が大切だということが言われますが、これは合格の条件にはなりません。

そんな形式だけの作文では合格できません。しかも、相手が納得する「企画」という視点で見れば、全員が「起承転結」で作文を書いてきたら優劣のつけようもありません。

つまり作文では、文章による自己表現という枠を設定していくことが前提になります。ただし注意してほしいのは、**首尾一貫性を保つこと。**何百枚も書くのではなく、せいぜい千字前後なのですから、与えられた課題についてワンテーマで書くことです。千字前後ですと、いろいろなテーマを持つわけにはいかないはずです。

書くものは一つでいいのです。とすれば、首尾一貫性とはテーマに対するあなたの考え

作文とは?

何も制約のない文章

ポイント

★ワンテーマで書く
★首尾一貫性を保つ

テーマに対するあなたの考える姿勢、そのものごとに詳しいかという吟味性、どういった観点や視点から切り込んで何をどう述べようとしているかに主眼を置く

る姿勢、そのものごとに詳しいかという吟味性、どういった観点や視点から切り込んで何をどう述べようとしているかに主眼を置くことになります。

作文は「料理」だと考えよう

与えられたテーマに対して何を総体的にとらえたかが、作文における評価の対象です。それはたとえれば、まな板の魚のようなもので、テーマをどう料理していくか、そのためにどんな素材を用いるかが作文ではすでに意見になっているのです。

ですから、作文では結論は必要ありません。まあ、あってもいいのですが、結論がなくても途中でも、また疑問の形で終えてもいいのです。無理なまとめ方をしようとすると、全体のバランスがくずれてしまうこともあります。

意見、考え、見解などはあったほうがいいでしょう。どう料理するかが大事ですから、どうしてその素材を使うのか、どう料理を創作していくのかを考えることは必要なはずです。ただし、論文と違うのは、そうした意見や考えを実証・論証しなくてもいいということです。左の図にまとめたように、私は**作文を書くときの意見、考え、見解のまとめ方を「な・た・も・だの法則」**と言っています。

書いていく順番はどうでもいいのですが、作文における必要要素ですので、覚えておいてほしい事柄です。

作文は「料理」に似ている

作文を書くときの
意見、考え、見解のまとめ方

- **なぜなら** ……根拠・理由
- **たとえば** ……事例・エピソード
- **もしも** ……展開・吟味
- **だから** ……明確な見解

4 人事採用者、試験官から見る作文の評価のポイント

作文は「本当の実力」が見える世界

作文は自由度が高いのですが、本当に実力が見えてくる世界です。作文を論文よりも低く見ていると手痛い打撃をこうむることになります。それほど難しいと言えます。よく「思うところを述べよ」「自由に書け」というようなテーマが出されます。しかし、こういうときこそ慎重に対処するべきです。

作文は文章表現の構造そのものが問われます。それには「な・た・も・だの法則」をうまく使いながら立体化していくことです。そうすると、展開していく言葉の活用と段落ごとの組み立てが必要になってきます。「起承転結」などは、そうした組み立ての一つでしかないのです。

作文は、書き方によっては高層建築にもなりますし都市建築にもなります。さらにはガウディのような芸術的な建築もできてしまうのです。ただ、そこまでの水準の作文を私もまだ見たことはありませんが……。

作文は“文章表現の構造そのもの”が重要

伝えたいことを、

「な・た・も・だの法則」

を使って立体化していく

こんな作文は NG

- 平淡に思いを綴っている
- 文学的であるように形容詞や副詞などでそれらしく作っている
- ぶっきら棒に言い放って、何を言いたいのかわからない
- 無難にまとめて自己防衛している
- 世間の常識や汎用フレーズのみで主張している
- 自分の見せ方にだけ関心が向いている
- 無理に自分を気取る

本当に自己の表現がされておらず、
また戦略的に自己を表現できていない

5 小論文とは何だろうか？

「意見」より「結論までの筋道」が重要

◉──思っていることをいかにして伝えるか

論文は実証や論証することが基本になります。論文では、あなたの意見よりも与えられたテーマを実証して結論に持っていくことが中心になります。

つまり、**論文では過程や道筋が大事**だということです。あなたの思っていることを筋道を立てて述べていくことができるかどうかが合格するカギになります。あなたが述べていく筋道を抽象化して述べたら、わけのわからないものになってしまいます。ですから、論文はその辺にいる人をつかまえて「これはこういうことでこうなんだよ」と筋道を立てて伝えていく手続きのようなものだと思ってください。

そういう意味で、あなたに意見が必要かどうかは難しいところです。自分の意見を入れると、「なぜならば」と根拠を示していかねばなりません。それでは論文の構成ではありません。それよりも、与えられたテーマに対して、「これは何か?」という考えを進展させながら「こういうことになる」という結論に持っていくことが必要です。

小論文とは?

実証や論証すること

ポイント

★意見よりも与えられたテーマを実証して結論に持っていくこと

★過程や筋道が大事

与えられたテーマに対して、「これは何か?」という考えを進展させながら「こういうことになる」という結論に持っていくこと。自分の意見を入れると、論文の構成ではなくなってしまう

◉──「冒頭に結論」は、もう古い！

論文では冒頭に結論を言うという書き方が紹介されていることもありますが、これはあまりいいとは言えません。なぜなら、冒頭で述べることはあくまでも仮説にすぎないからです。あるいは結論へ導く前提となる認識として提示される部分でしかありません。

ですから、冒頭にはテーマに対する「状況」「問題」「現状」「背景」「基盤」といったものを設定したほうがいいでしょう。私はこれを**「仮説・実証型論文」**と言っています。

これを論文の基本原則として覚えておいてください。論文では、まず仮説を掲げてそれをあの手この手で実証していくことです。そして、「なぜその実証をしていくか」「何をどう実証しようとしているか」とつなげるといい論文になります。さらに論文で重要なのは**「根拠」**です。それをどこからどう導くかがあなたの論文の核部分になります。もちろんあなたが知っている情報からの引用になるのですが、すでに知られている論拠を使って与えられたテーマを原理・原則化していくのです。

そして、その論拠の材料になるのが**「傍証《ぼうしょう》」**です。傍証とは証拠となるべき資料や間接的な証拠、つまり、あなたが引き合いに出す情報になります。論理というのは、言い換えれば整合性がとれているかどうかで、もっと言ってしまえばつじつま合わせです。

つまり、論文は「こうだから→こうなる」という一貫性が求められます。これは数式ゲームに似ています。定式回路を確保していれば、論文も面白い世界なのです。

論文の基本原則

仮説を掲げてそれを
あの手この手で実証していく

ポイント❶「根拠」

知っている情報や、すでに知られている論拠を使って、与えられたテーマを原理・原則化していく

NG

論拠を原理・原則化できずに中途半端に終わってしまうと、あなたの論拠もくずれてしまい、論文そのものが失敗に終わってしまう

ポイント❷「傍証」

証拠となるべき資料や間接的な証拠、つまり、あなたが引き合いに出す情報

NG

論拠が破綻した論文や探求不足のまま展開される論文は、評価する側が最も嫌うもの。傍証は小さくても堅固であるほうがいい

6

人事採用者、試験官から見た小論文の評価のポイント

あなたという人物を知る手がかりにしている

さて、実際に小論文の世界の現場を見ると、ほとんどは小論文になっているものが少ないというのが現状です。評価する側が本気になって見たら、多くは不合格になってしまうレベルです。それでは経済は成り立ちませんから、「小論文もどき」でなんとかなるというのが今の状態なのです。

ですから私も、本格的な論文にするためにということはこの本では考えてはいません。現実レベルで受かる論文（＝小論文）というものに落とし込んでいきます。したがって、**合格する論文・小論文にするためには「実証」ということだけを重視してください。**

実証の方法は、左の図にまとめた要素が必要になってきます。言葉遣いや展開・構成の質なども重要です。しかし実証の要素があるかどうかのほうが評価対象になります。

人事担当者や試験官が求めている論文は、本来の論文ではありません。テーマを投げて書かせていくことで啓発をし、あなたという人物を知る手がかりにしていくというのが目的です。

言葉遣いや構成の質よりも実証の要素が重要

問題意識、テーマ選定、分析、
要素抽出、関係化、
考察、素材選定、仮説構築、傍証、論拠、
結論化への回路

実務論文などでは……

現状分析、状況認識、問題の抽出、
吟味・考察・深耕、指針の提示

「実証」さえうまくできればいい!

人事採用者、試験官は、小論文から「実務能力」を見ている。

テーマについて書かせることで啓発もして、人物・人材の発見・発掘をすることが企業の目的。

つまり、目標などの浸透度・理解度が評価の対象になる

7 合格する作文・小論文を書くために準備しておきたいこと

六つのポイントで思考の範囲を広げれば、書ける

　さてここまでで、今まで形式的に書けば採用・合格していた作文・小論文がもはや通用しなくなってきていること、また作文と小論文の違い、その評価のポイントを解説してきました。

　まとめると、作文・小論文の二つに共通していることは、**あなたの考え方が大事**だということです。巷《ちまた》に出回っているテクニック本や与えられたテーマから連想されるものを書いていく、価値観を書き出すといった手法はもはや通用しなくなっています。

　ですから、日頃からあなたの考え方を構築しておく必要があります。こんなことを言ってしまっては身も蓋《ふた》もないのですが、作文・小論文は一朝一夕に書けるものではありません。試験前にあわてて対策を立てても、合格する答案を書けるものではないのです。

　大切なのはあなたの思考。日頃から何も考えていない人は、ふるい落とされてしまいます。ですから、あなたの思考の範囲を広げることです。私はこれを「思索視野」と言っていますが、作文・小論文に必要な要素として左のページにまとめておきます。

「思索視野」の6つの要素を頭に叩き込もう

1 **視座**
あなたの視野を決定していく

2 **視点**
主語を決定していく

3 **観点**
価値基準を決定し、そこから見たらどうなるかを促していく

4 **思考の方法**
考え方のこと。
「こう考えたらこうなる」という意思を決定していく

5 **言語・語句・文**
認識の水準、知識をどこまで消化しているか、
それをどう置換しているか

6 **構成**
展開と組み立てを示していく

こうした根底の要素になる考え方を培わないと、対策は生まれない!

「皆と同じように無難に処理すればいい」「要領よくできないだろうか」と考えている人は、その考え方そのものが評価の対象にされている

第2章

読みやすい
原稿用紙の使い方・
文章表記の基本

1 原稿用紙の使い方

下手でもいいから丁寧に書くことが重要

字のうまい下手、熟語が正しいかどうか、原稿用紙の使い方や文末の処理などは、本来あまり気にしなくていいでしょう。

基本的なこととして、わかりやすい文章かどうかは常に評価の対象にはなりますが、人事担当者も試験官も国語の試験をしているのではありませんから、第1章で述べたようなことのほうがよほどウエイトは高いのです。

しかし、基本的な書き方は知っていて当然という人事担当者や試験官はいますし、逆にこういったところも評価の対象としている企業や団体もないわけではありませんので、知っておいたほうがいいでしょう。第2章では、まずは基本からということで、書き方の基本を覚えてください。

まずは、**下手でもいいから丁寧に書く**ことです。誤字、脱字、当て字、略字はもちろん、くずし字や続け字も書いてはいけません。表現したいことを伝えるために書くわけですから、誤字や脱字、くずし字などのためにそれが伝わらなければ、何にもなりません。また、乱暴に書きなぐった字は読む気を失わせます。

常用漢字表にある漢字はなるべく使い、人名などの固有名詞は常用漢字外でも正字を使います。送り仮名や文体（です・ます調、である調）は統一します。

知らないと恥を書く！　書き方の基本

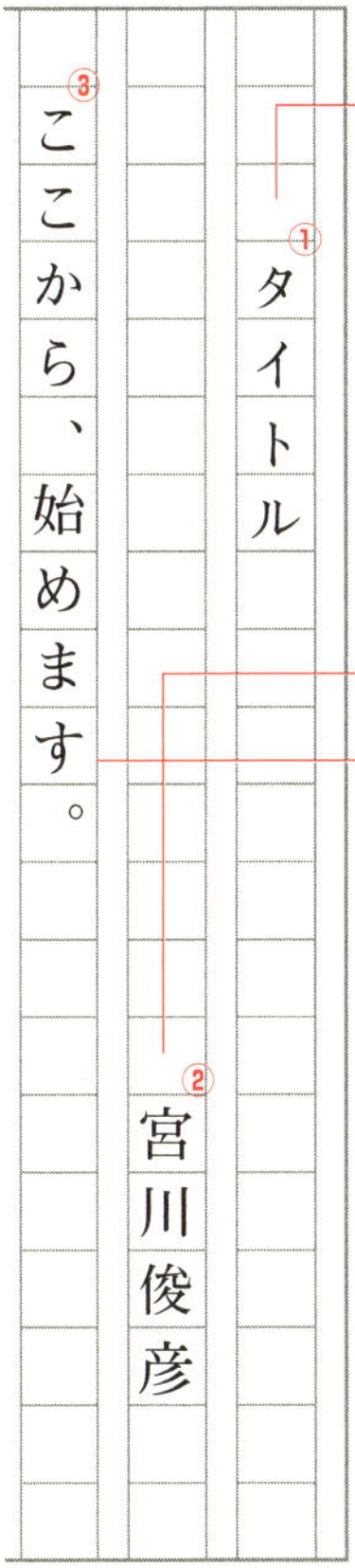

①題名を記入する
1行目に3マス空けて
タイトルを書く

②名前を記入する
2行目に下から2マス空けて
名前を書く

③本文を記入する
3行目から1マス空けて
書き始め、段落ごとに改行する

ただし、指示がある場合は、それに従うこと。
1行目のタイトルは2マス空けでも、2行目の名前は下から1マス空けでもかまわない。また、本文を書き入れる際に、3行目は空けたままにして4行目から書く方法や、名前についても姓と名の間を1マス空ける、あるいは姓と名の間を1マス空けないで書く書き方もある

2 書き方の決まり

これさえ押さえればいい！　九つの決まり

①一字は一マスに

一マスは一字が原則です。句読点（。、）や、拗音（ゃ、ゅ、ょ）、促音（っ）も一マスに入れます。ただし、――（ダーシ）や……（リーダー罫）は二マスに入れます。

②書き始めと段落の初めは必ず一マス空ける

書き始めは必ず一マス空けて二マス目から書きます。段落の初めを一マス空けないで書くと、行末に句点がきた場合、改行をしたかどうかまぎらわしくなるからです。例外として、起こし（書き出し）のかぎかっこ（例「」）類は一マス目に書きます。

③句読点のつけ方

句点（。）は文の終わりにつけて、その文が完結したことを示します。

注意！　句読点の打ち方で文意が変わる

例　彼は涙を浮かべて去っていく友を見送った。

彼は涙を浮かべて、去っていく友を見送った。
⇒涙を浮かべているのは「**彼**」

彼は、涙を浮かべて去っていく友を見送った。
⇒涙を浮かべているのは「**友**」

読点（、）は文章が読みやすいように、語句や挿入文などの区切り、息つぎをする箇所、また意味を明確にするためにつけます。特に、読点をつけないと文意が曖昧《あいまい》になる場合には、必ずつけましょう。

④禁則について

【行末に行う禁則】

起こしのかっこ類である「『（などが行末にきたときは、かっこ類と次の文字を一マスに入れます。

【行頭に行う禁則】

行の初めに句読点や受け（閉じ）のかっこ類である」』）などがくる場合は、前の行の最後のマスの中に入れます。つまり、例外として一マスに二字分入れるのです。

【かぎかっこの中の句点について】

会話文で、

「お元気で。」と言った。

というように、かぎかっこの中に句点をつけるように習ったかもしれませんが、かぎかっこの中に句点はつけないで、

「お元気で」と言った。

という書き方のほうが一般的で、すっきりします。

かぎかっこの中に句点をつける書き方の場合、句点とかぎかっこが行頭にくるときがあります。この場合は前の行の最後のマスに二字入れて、マスの外にかぎかっこを書くやり方（しました。」）と、最後のマスは一字、マスの外に句点とかぎかっこを書くやり方（しました。」）があります。

そのほかに疑問符（？）、感嘆符（！）、中黒（・）なども行頭にきてはいけません。

この禁則は一番先に目につく事柄です。したがって、禁則処理をしていないと原稿用紙の書き方を知らないと判断されますので、特に注意が必要です。

⑤数字は縦書きでは漢数字、横書きでは算用数字を使う

左のページの図を参考に、正しい使い方を学びましょう。

数字は縦書きでは漢数字、横書きでは算用数字を使う

＜縦書きの場合＞

一人

二千七百五十枚（あるいは 二七五〇枚）

二〇〇七年（× 二千七年）

※西暦は位取りの
千、万、十は用いない

＜横書きの場合＞

1	人

20	07	年

2桁以上の場合

50	00	坪

3桁の場合

50	0	坪

以下のように、熟語、不定数の場合は縦書きでも横書きでも漢数字を使う

十	年	一	日

三	脚

一	年	中

何	十	回

二	十	余	年

⑥単位を表す記号

cm、km、kgなど単位を表すときは、センチメートル、キロメートル、キログラムのようにカタカナで書きます。横書きの場合はcm、kmなどの記号を使う場合もあります。

⑦英文、英単語

英文、英単語は縦書きの場合でも横書きにし、大文字は一マスに一字、小文字は一マスに二字入れます。

「EU」「ATM」などの略語は、縦書きの場合は縦に、横書きの場合は横に、一マスに一字入れます。

⑧かっこ類

丸かっこ・パーレン（　）

最もよく使われるものです。文章を補足説明するときや注記、引用文の出典、発行所などを示すとき（例　『種の起原』ダーウィン著、岩波文庫、一九七七年、二十三ページ）に使います。出典例が多い場合は、文章の末尾にまとめて書くとよいでしょう。

かっこ類の使い方

丸かっこ・パーレン

（　）

文章を補足説明するとき・
注記・引用文の出典など

かぎかっこ

「　」

会話文・文章の引用・強調

二重かぎ

『　』

「」内で強調したいとき・書名

その他のかっこ

〔　〕　［　］

すでに使ったかっこと区別したいとき

かぎかっこ「　」

主に会話文やほかから文章を引用するとき、強調するときなどに使います。長い文章を引用する場合、「　」は使わないで全体を数マス下げる書き方もあります。

二重かぎ『　』

「　」内で強調したいとき、例えば「私たちの追い求める『理想』とは何か」のように使います。また、書名（例　『罪と罰』）、作品名（例　『ひまわり』）などに使います。ただし、絵画、舞台、映画などの作品名やテレビの番組名には「　」を使う場合もあります。

その他のかっこ

〔　〕［　］など、かっこ類はほかにもいろいろありますが、すでに使ったかっこと区別したいときに用います。

⑨符号類

中黒（・）

読点より並列性が強い場合（例　愛知・岐阜・三重・静岡の東海四県）、「の」の代わりとして（例　フランス・パリ）、また外国人の姓名（例　スティーブン・ホーキンス）や、縦書きの場合の小数点に使います。

疑問符（?）、感嘆符（!）（※論理的な文章にはふさわしくないので、論文にはなるべく使わない）

疑問符や感嘆符をつけたあとは一マス空けますが、行末にきたときは空けないで、次の行の行頭から書きます。また、?や!のあとに句点はつけません。

リーダー罫（……）（※論理的な文章にはふさわしくないので、論文にはなるべく使わない）

一マスにテンテンを三つ書き（三点リーダーと言う。これが基本形）、二マス分使います。リーダー罫は文に余韻をもたせたり、省略したいときに使います。

ダーシ・ダッシュ（——）

二マス分使います。語句と語句の間に挿入するときは前後に、文意を変えるときは前にだけ使います。一マス分使うダーシ（全角ダーシと言う。基本形）は、次に述べる波ダーシと同じように範囲を示したり、八戸—苫小牧のように起点と終点を示す場合に使います。

間違いやすい疑問符・感嘆符

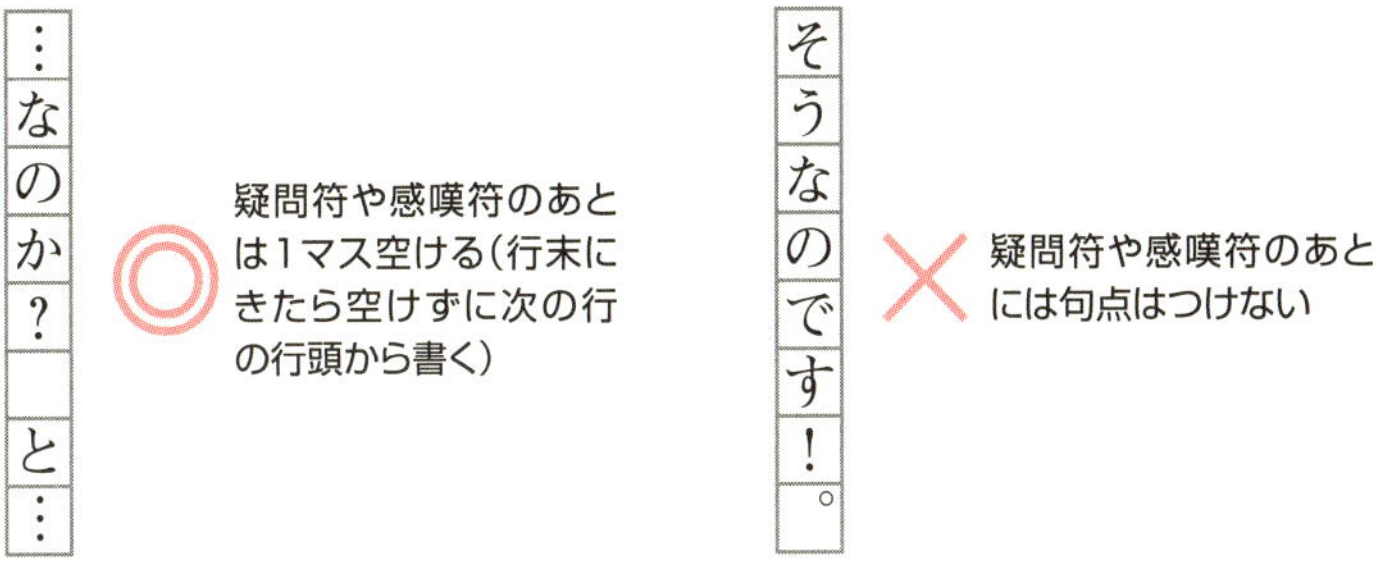

…なのか？　と…
疑問符や感嘆符のあとは1マス空ける（行末にきたら空けずに次の行の行頭から書く）
そうなのです！。
疑問符や感嘆符のあとには句点はつけない

波ダーシ・波ダッシュ（〜）

七〜九年、二十〜三十代のようにある範囲を表すときに使います。

ハイフン（‐）

英文での複合語の連結、一語が二行にまたがるときのつなぎとして使います。外来語の複合語（例　ファイン‐セラミックス）にも使いますが、本来英文で用いる記号なので、日本語にはなじみません。パソコンのデータを記録する媒体（例　CD‐R）や、電化製品や車の型番（例　RX‐8）などに主に使用されています。

繰り返し符号・踊り字（々、〃、ゝ、ゞなど）

人々、諸々など。民主主義のように二つ以上の単語が続くときは使いません。〃は同じという意味を表すときに用い、ゞは現在でも企業名（例　いすゞ）において使われていますが、作文や論文では基本的に「々」以外は使いません。

第3章

どんなテーマも
スラスラ書ける
「考える力」のつけ方

1 「書きたいこと」ではなく「書くべきこと」を書く

作文・小論文はあなたの考えを表現する場

◉――欲求を持つことから始まる

文章というものは自然にできるものではありません。また言葉を知っているから書けるものでもありません。では、語りたいという欲求があるから文章にするのかというと、これもちょっと違います。私は「作文が書けません」とか「書くことがありません」という生徒に対して、もっと欲求を持ちなさいと指導しています。

欲求を持つ方法にはいろいろあるのですが、目的さえ決まれば無限にあるものです。しかし、欲求を満たすにも限界はあります。何か語らなくてはいけないという内外からの要求、欲求というものではなくて、**人間本来が持っている生理的な欲求や自我の欲求そのもののがあるかどうか**だと思います。それが考えるということにつながってきます。

「書きたいことがすべてなくなってから、書くことが始まる」、「逆さになって鼻血も出なくなって、初めて絞り出すようにして書くのだ」という言葉もあるくらいです。

現代は必要以上に言葉が多くなっています。おしゃべりな人が蔓延《まんえん》し、メールなどが普及して言葉の重みもなくなり、理解のための努力もあまり必要がなくなってきています。

実は、これが作文・小論文では一番危険なのです。私は思いをそのまま書く文体を「ゲボ文体」と呼んでいますが、心の中をそうそう吐き出してよいものではありません。

こうした文章は、採用担当者からも試験官からも嫌われます。それならば「秘するが花」とたとえられる表現のほうがまだ有効なくらいです。

欲求が考える力を作る

◉——スラスラ書く必要はない？

合格するための作文・小論文は、何でもスラスラ書けるということを目標にする必要はありません。それを多くの人に伝えてきた私が言うのもおかしなものですが、スラスラ書けることはちょっとした訓練でできるのです。

問題はそのあとです。つまり、採用担当者や試験官は、**スラスラ書けていなくても「この人なりに考えているな」と思わせる文章を望んでいる**のです。ですから、何も考えていない冗長で浅い文章を書く人は、いくら文章がうまくても目には留まらないのです。

合格する作文・小論文を書く人は、スラスラ書けるという先の部分、つまり、**書くことを考え続け苦闘していく作業をしなければならない**のです。これが現在、企業や資格試験に求められるものです。小学校低学年ならばスラスラ書ければそれでいいのですが、だんだん考えるようになるうちに本当の表現が始まるのです。

私は考えて書かれた作文・小論文を「表現」と呼んでいます。そして、考えがなくただスラスラ書いたものを「表出」と呼んでいます。この二つはまったく違うことだと理解してください。

「書きたいこと、言いたいこと」を書くのは「表出」です。現代人のほとんどがこの段階に留まってしまっています。そうではなくて、「書くべきこと、言うべきこと」を書くという「表現」の段階が求められているのです。

採用担当者・試験官が望む文章とは？

スラスラ書けていなくても

「この人なりに考えているな」

と思わせる文章を望んでいる

○表現 「**書くべき**こと、**言うべき**こと」を書く

×表出 「**書きたい**こと、**言いたい**こと」を書く

2 学校ではなかった「考える授業」

人事担当者や試験官は「オリジナル」を求めている

書くことは「考えることだ」と言いましたが、感覚や感性といったものも、広くは考えることに入ります。ところが、この「考える」ということについては授業では教えられてきませんでした。それどころか、考えるということは「屁理屈」「理屈」などと片付けられてしまうほうが多かったのです。今のテストは、少し考えている程度のもの、知識程度なものでしかなくなっています。だから、多くの人は「人並み」で終わってしまいます。

しかし、人事担当者や試験官は、独自のもの、オリジナルなもの、独創的で個性のあるものを求めています。ですから、与えられたテーマに対して好きか嫌いかという価値観を語ると、それが個性であるかのように錯覚してしまいます。

特に、就職試験では「あなたの価値観をしっかりと主張しよう」などと書かれたものがありますが、これは「書きたいこと、言いたいこと」を書いただけにすぎません。

考えないほうが生きやすい社会だからこそ、考えられた文章が光を放ちます。合理的でシステマチックな社会だからこそ、思考が機械化してしまった人は評価されません。

オリジナルな文章が真に評価される

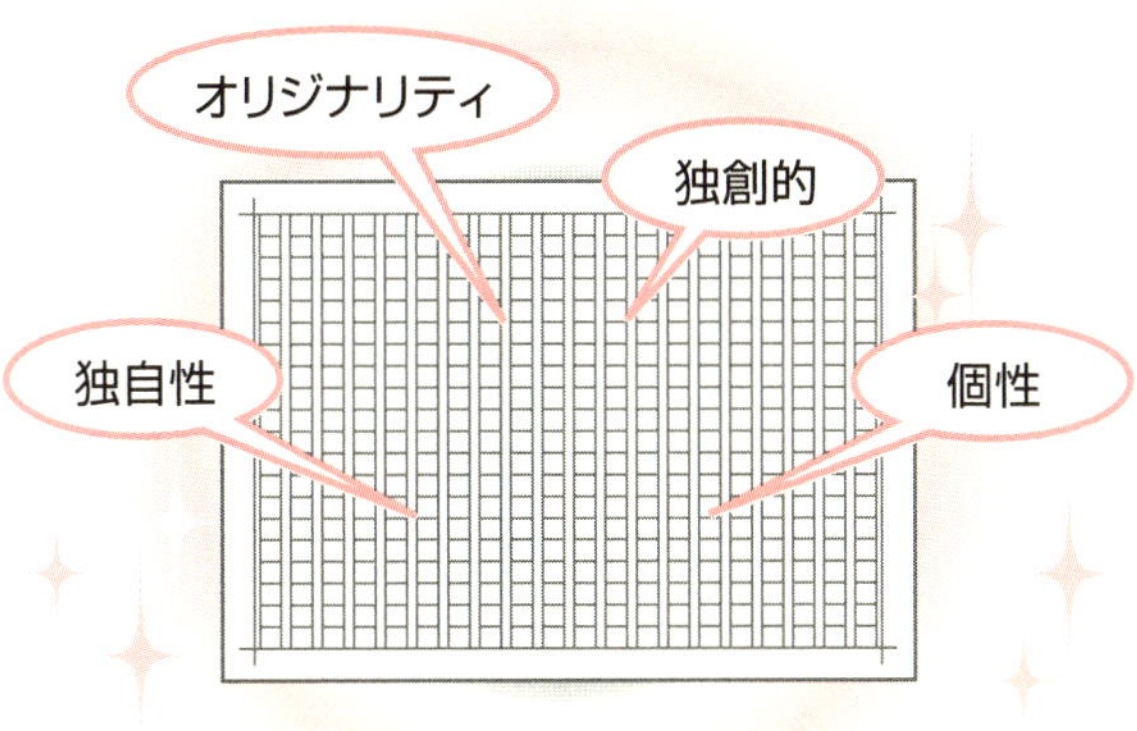

現代は、
「考えなくていい」世の中に
なっている

3 「な・も・ど・だの法則」で考え方を身につける

「どう考えるか?」がわからなければ意味がない

あなたは日頃からどれだけ「考える」ということをしているでしょうか。

おそらく子どもの頃から教えられてこなかったと思います。よくよく考えてほしいのですが、「考えなさい」とは言われても、「どう考えるか」ということについてはあまり教えられてこなかったのではないでしょうか。

暗記する、努力する、マークする、書き写す、問題を多くこなすということは叩き込まれてきましたが、肝心な考え方というソフトについてはどうしていいかわからないのではないでしょうか。

そこで、考えるための要点を示しておきましょう。

私はこれを**「な・も・ど・だの法則」**と呼んでいます。

「な・も・ど・だの法則」

- 「なぜ」を掘り下げていく
- 「もしも」で考えを広げる
- 「どうすれば」に落とし込む
- 「だから」で結果を示す

4 「なぜ」を掘り下げていく

子どもと同じように考えれば「なぜ」は広がる

「なぜ」という疑問がないと考えは展開していけません。当然、これがないと考えを掘り下げることもできません。あらゆる事柄に対して「なぜ」を発していくことは、言い換えれば、**子どもと同じように考える**ということです。

初めはバカみたいに思えるかもしれませんが、「どう考えるか」という授業だと思ってやってみてください。私の授業でも子どもたちに「なぜ」を考えさせることをしていますが、実に奇抜な発想が飛び出します。

問題　机とウサギは同じ四本足だが、なぜ机は歩かないのか？

例えば、「ウサギは動物で机は静物だから」という回答や、「生きているか死んでいるかの違い」という回答が考えられますが、これくらいの発想しかないと考えているとは言えません。

もう少し掘り下げて、「エンジンをつければ歩く机になる」「骨折したウサギは歩けな

「なぜ」の力を鍛えよう

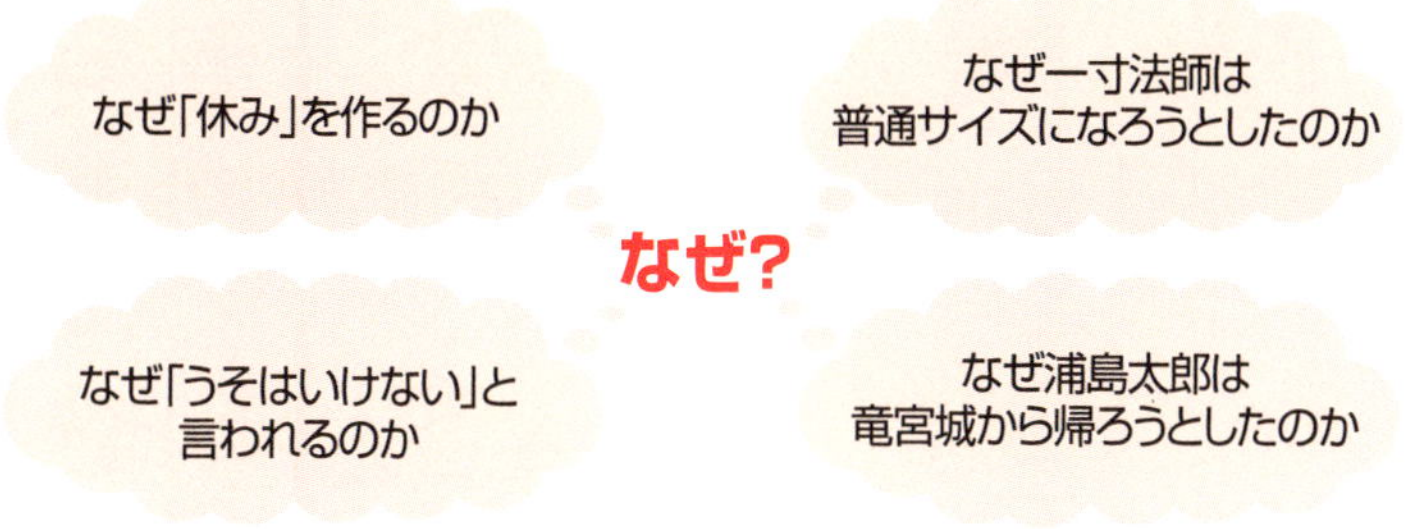
なぜ「休み」を作るのか
なぜ一寸法師は普通サイズになろうとしたのか
なぜ?
なぜ「うそはいけない」と言われるのか
なぜ浦島太郎は竜宮城から帰ろうとしたのか

い」などの回答もあります。あるいは「歩く」という概念を変えたり拡大したりしていくこともできます。

「百年先まで存続していく。つまり、時を歩くということであれば、机のほうがウサギより歩くのは長い」と考えてもいいのです。この先、あらゆるケースを想定していけば、回答など無限に生まれてしまいます。

このように、設問を構成している基本要素を分解していけば考えは無限に広がります。「机」「原材料」「製作」「工程」「人為」「加工」「活用」「ウサギ」「足」「生命」「形」「色」「移動」「変化」「時間」「周辺物」「環境」「地球生物」「細胞」……。分解はどこまでもすることができますし、これが考える要素になるのです。

しかし、「なぜ」の要素を拡大するには、知識が当然必要になります。まずは問題意識を持つことで考える起点にしてください。

5 「もしも」で考えを広げる

「書く力」は「もしも」が具体化できるかどうかにかかっている

次に「もしも」の要素を取り入れると、縦横な思索が展開していきます。これを知らない人は、作文・小論文を書くときにやや苦労します。「もしも」のキーワードは簡単なほどいいでしょう。簡単だと頭に入りやすいものです。「なぜ」の設問でも、すでに「もしも」が出発点になっているのがおわかりになるでしょう。

これはものごとを疑うということでもあります。また、ものごとを素直に受け入れたまま考えを発展させることでもあります。奇想天外な考えも生まれるかもしれません。

作文でも小論文でも、「もしも」を考えることは、あなたの意見を形成していく際の吟味や思索展開において大事な領域になっていくのです。作文や小論文を書く力というのは、実はこの部分を具体化できるかどうかにかかっていると言ってもいいのです。

問題

もしも机が○○だったら何ができるか？

「初めから、机として作られたのか」、「机として利用されたのか」、「机にもなり得ると考

「もしも」の力を鍛えよう

もしもウルトラマンが
長期滞在したら
もしも日本が
外国に攻められたら、
闘うか逃げるか、
それともほかの道はあるか
もしも
もしも人に三千年の生命が
あったとしたら

えられたか」、「机なのに別な用途になってしまったか」……など。起点を考えるとなかなか面白い。「机と会話していくことができたら」、「机が使用者を選ぶ権利を持ったとしたら」、「夜、タップダンスを踊り出すとしたら」など、そこに広がる光景は、幻想的でありつつも実は客観化していくものになるのです。

「もしも」の世界が多くの発見を生み、思いつきがとんでもない大理論になったりすることもあります。おそらく直観もこの領域に入るでしょう。ぼうっとして考えをめぐらせている時間や空間は、連想するといった安易なものではありません。

作文・小論文の力をつけるには、人の思考の空間が必要です。宇宙の果ても恐竜も原子の世界も、言葉を使ってあなたの知識を画像に置き換えていくことができるのです。

思い浮かべた恐竜をただ静止画像として置いてもいいでしょう。そこから進化していく過程に思いめぐらせて、小鳥にまでたどっていくことが思考の訓練になります。そこにはなんの制約もありませんから自由に発想してみてください。

6 「どうすれば」に落とし込む

結論ではなく、思考プロセスが評価の対象だ

この「どうすれば」は日本人が一番苦手な思考です。なぜならば、作文・小論文を見ていても疑問程度で終わったり、何かを批判したり批評していくだけのものが多いからです。今でも自分の意見・見解を語らないほうがいいという風潮はまだ残っています。「だから、どうしろ」という答えに、あえて答える必要はありません。企業の性格や資格試験の性格によりけりですし、テーマによっては答えに正解はないからです。この結論によって試験の合否が決まるということはありません。

しかし、「こうすればいい」「こうすべきだ」ということをあえて書いていくという姿勢は持ってほしいと思います。**絶対の正解などありませんから勇気を持って主張することはマイナスにはなりません。**「この人はこういう考えなんだ」と結論だけを見て判断するような人事担当者や試験官がいれば、それはその人たちのレベルが低いだけです。

思索のプロセスや方法、切り取った素材や観点で意見が異なるのは当然です。その回路やプロセスにこそ能力の本質が現れます。できる人事担当者や試験官はここを見ます。

結論より思考プロセスが重要

例　どうすれば、本を読む人が増えるか？

「本の値段を下げる」はどうか？

それでは出版社が儲からず
いい本が出版されない……

↓

「会社・学校に『読書時間』の設定を義務づける」はどうか？

強制的では意味がない……

↓

皆が気軽に本を読める環境と言えば……「図書館」！

↓

「図書館」をもっと皆が利用するようになるには？

↓

街中に作り、気軽に入れそうな雰囲気にする！

↓

「本屋」と「図書館」が提携して、隣に「ミニ図書館」を作る！

↓

そうすることで、新刊も素早く「ミニ図書館」に入り、利用者もますます増える！

→ 人事担当者や試験官は、「**結論**」を見ているのではない。
思考の回路・プロセスを見ている！

問題　環境問題は「どうすれば」改善されていくか。

どうすればいいかに関しては「一人ひとりの努力」という程度の意見が多く見られます。確かにもっともらしい意見ではあります。しかし、深く考えなくても努力すれば環境問題が解決するのかという疑問は生じます。

世界は環境に関してまだ同じ価値観に至っていないし、紛争をしている国もあります。地球規模という認識のない人も存在しています。目先の利益が最優先という人もいるでしょう。そういった現実を知っていれば、「個性・多様性」の現代に「一人ひとりの努力」という言葉は、実に曖昧《あいまい》な抽象表現になることに気づくでしょう。

それならば、「環境問題の当面の解決は環境浄化装置だ、機械に尽きる」という論を提示したほうがわかりやすいし現実的です。これは一見荒唐無稽《こうとうむけい》のようですが、実証しやすいのです。

放射能除去装置をイスカンダル星まで取りに行った『宇宙戦艦ヤマト』のプロジェクトと同じです。南極や北極に冷却装置は作れないだろうか、四季を安定するコントロール装置はできないだろうか、人にとっての快適を追求する全天候型ドーム都市はできないか……など。

「どうすれば」の力を鍛えよう

どうすれば地震に強い都市
・住宅が作れるか
どうすればネズミは
ネコを恐れないようになるか
どうすれば
どうすれば言葉の呪縛から
解放されるか
どうすれば嫌いなニンジンを
好きになれるか

「もしも」をふんだんに活用していくことで、一つひとつの論理に比較して、さらに前進する「どうすれば」という方策を成立させていくことです。

「そんなこととても書けるわけがない」とあなたは思うでしょう。それはそう思うかもしれません。しかし、全員が同じ論で同じ論拠で同じようにまとめたら、人の目に留まるものにはなりません。

「どうしたら高評価が得られるか」ばかりに気をとられると冒険はできなくなります。

荒唐無稽でもいいのです。あなたの考えたものを一般論の中に潜り込ませるか、一般論を踏まえたうえでどう表現を工夫していくかが必要です。

こっそり楽しむようなゲーム感覚で、作り上げていくこともまた評価の対象になっていきます。

7 「何を書いたらいいかわからない人」のためのトレーニング

「な・も・ど・だの法則」で自分の意見が生まれるようになる

「な・も・ど・だの法則」のうち、「なぜ・もしも・どうすれば」の三点が、作文・小論文を書く力をつける大切な要素です。これは書かなくても、考えるだけで表現力をアップさせることができます。

しかし、これらが文の構成になるということではありません。何を書くかということ、すなわち何を考えていくかということに関しての必要条件だと思ってください。

与えられたテーマがあるなら、どういう水準・観点のもとに、**「なぜ」を掘り下げていくかということ。**慣れないうちはどんどん列挙してみることです。

そして、**「もしも」で考えを広げていくこと。**もちろんさまざまな方法を駆使して考えていきます。**最後に「どうすれば」に落とし込んでいくこと。**その際に、あなたの考えを高めていく方法として、落とし込む方法が二つあるとよくなっていきます。

私は生徒に教えるときに、よく「な・も・ど・だの法則」として落とし込んでもらう作業をしています。実際に書いてもらう作業ではありませんが、自分の意見がなかなか生ま

「な・も・ど」を活用して自分の意見を作る

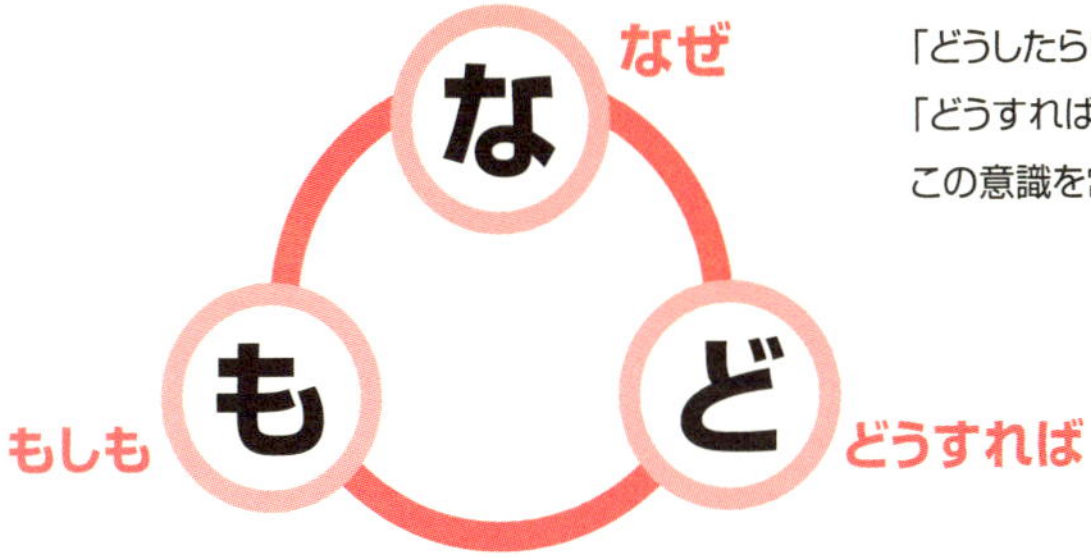

「どうしたらいいかなぁ」
「どうすればいいんだろう」
この意識を常に持つ!

れないという人には、ぜひお勧めしたい法則です。「な・も・ど」の三点はそれぞれ関連性を持っていて、最終的に「どうすれば」にシフトしていくことで「な」「も」は自然についてきます。「どうしたらいいかなぁ」「どうすればいいんだろう」という考え方を常に意識してください。

　さて、ここまで説明してきて「今までに意見を求められて答えたとしても、それが自分のものであるという確信はない」という人が多いのではないでしょうか。

　借り物、焼き直し、踏襲、引用のまま……。これらは作文・小論文では一応考慮はされます。知識や学識という学習性を見ていくことも一つの観点として存在します。しかし、それはあくまで一つの観点です。体裁として整っていればいいわけではありません。

　あくまで知識を土台としたあなた固有の考えが求められるのです。もっとわかりやすく言えば、そうした知識すべてをひっくるめて「あなたの考え」ということです。

第4章

「書く力」は、「自分自身」について考えることで鍛えられる

1 「自己PR」は人と違う自分を書く

ただ自分のいいところを書くのでは意味がない

◉──実は難しい「自己PR」

自分のことを書くというのは実は難しいことです。特に自己PRなどという課題になると、自分のいいところを書こうとしてしまいます。しかし、これは下手をすると醜くなってしまいます。といって、卑下や謙遜《けんそん》、謙譲が日常でも通じなくなっていることはあなたも知っての通りです。

例えば、テニスでライン上のボールを見極める力量があればそれを書く。相手の唇のちょっとした動きで心が読み取れるならそれを書く。目覚まし時計がなくても決めた時間に起きられるならそれを書く。そういうほかの人にはないようなことをキャッチフレーズにしていくといい自己PRになります。

しかし、多くの作文・小論文を読むと、同じような話ばかりが目立ちます。

新卒の作文でよく書かれがちな自己ＰＲ

・国際体験……多くが海外旅行の話。
・ボランティア……缶拾いや老人ホームなどの奉仕体験の話。
・スポーツ……所属していた運動部の体験。根性と協調性を学んだという話。
・クラブ活動……努力や根気や成果を得たという話。
・アルバイト……社会体験・労働体験としての話。

驚くなかれ、ほとんどがこんな要素で構成されています。誰かが「自己ＰＲはこのように書くのだ」と教えているのではないかとさえ思ってしまいます。

自分のことは「健康」「明るい」と書くのが当たり前。「病気」「暗い」とはなかなか書けません。だからこそ、国際体験、ボランティア、スポーツ、クラブ活動、アルバイトという無難な話題でＰＲするのです。

しかし、これらの素材で描かれる内容はだいたい予想がつくはずです。なんの変哲もない平凡でふつうの自己ＰＲ文です。何か賞を取ったという話でも印象には残りません。

◉――あなたの個性は思い込みではないか？

ほかの人とは違うのが本来の自己ＰＲなのです。ほかの人と同じですと頑張って書くのはむしろおかしいのです。そこで次のようなことを尋ねたいと思います。


ほかの人と違いはありますか？

あなたは何が特別なのですか？

何があなたですか？


これに答えられなければ、とてもこのテーマについて書くことはできません。

最近は「協調」や「人との折り合い」だけを前面に出していくような風潮がはびこり、口先だけの「思い込み個性」がまかり通っているのが現状です。だから、子どもの頃から人と違う自分を持つことに恐れや不安を感じ、ときには憂鬱《ゆううつ》にさえなってしまいます。

作文・小論文の世界では、むしろそういう考え方を一度捨てて、**「自分は何であって、どういう芯を持っている存在なのか」を明確にしていくことが第一**です。これができなければ、そのほかのすべてのテーマに対処することもできないと言っていいくらいです。

皆と同じように「ここまで理解しています」というのは学校テストの水準です。それではわからないところを知るために作文・小論文があるということになります。

皆同じことを書いていては、面白くもなんともありません。だから、とにかく自分の特質や役割を知ること。そして、作文・小論文に「他人とは違う自己」を示すことです。

「他人とは違う自己」を示す

作文・小論文の世界では……

~~協調~~ ~~人との折り合い~~ ~~思い込み~~ ~~個性~~

「自分は何であって、
どういう芯を持っている存在なのか」

自分の特質・役割を知る

- ほかの人と違いはありますか?
- 何があなたですか?
- あなたは何が特別なのですか?

2 「他人と違う自己」はどう見つけるか？

あなたの「キャッチフレーズ」は？

それでは、「他人とは違う自己」はどのように見つけるのでしょうか？

左のページの図を見て、野球に置き換えてあなたの特質と役割を考えてみましょう。

野球の特質と役割を知って、自分をそこに当てはめていくことが具体的に自分を知るヒントになります。そこから言葉を置き換えて、特質と役割を表現していくのです。

つまり、**明瞭《めいりょう》なキャッチフレーズを意識してみることで「あなた」というものが見えてくるのです。**こうした表現自体に、すでにＰＲ性が含まれているということです。

あとは、それを説得できるような事例や素材を有効に活用していきます。そのときの事例や素材は一つでは少ないと思います。最低三つはほしいところです。角度や内容を変えて特質や役割を出していってください。「鼎立《ていりつ》」という言葉通り、三本足だと安定が増すということです。

この物理の構造を応用していくと「あなた」も安定してきます。

「野球」をもとに自分の「特質」「役割」を考える

野球に置き換えて、自分の特質と役割を考えてみる

- 1番バッターの私
- いつも2番バッターの私
- 代打の切り札の私
- エースの私
- キャッチャーの私

こうした特質と役割を知って、
自分をそこに当てはめていくことが
具体的に**自分を知るヒント**になる

そこから言葉を置き換えて、特質と役割を表現していく

- 外部注入の私
- 触媒の私
- 和みの私
- 数式記号で言えば「プラス」の私
- ホカロンの私
- パンパースの私

明瞭なキャッチフレーズを意識すると
「**自分**」が見えてくる

①何かにたとえた場合
②たとえたものを表現に変える
③事例や素材（3つ）

⇒この3ステップで「**自分**」を**PRすることができる**

3 「自己PR」は相手が知りたいことを書く

「個性」は探すのではなく作り上げるもの

論理や主張には、それを実証する三つの事例や、素材・傍証が必要です。これは作文・小論文を問わず必要になります。

人事担当者や試験官はあなたが「どんな人か」を知りたいのですから、それを見せていけばいいだけです。興味を持たせることが作戦拠点です。意表を突いたり奇をてらったりということは、私はあまり賛成しません。むしろマイナスに作用することが多いでしょう。

チームプレーに徹していくことの大切さを主張する人たちがよくいます。それを結論に持ってくるのは無難ですが、主張性や思索としては乏しいでしょう。むしろ、チームプレーに徹することは前提になります。

最終的には牽引《けんいん》力の必要性を体験しつつ、しかしチームプレーに徹していくとはどういうことかと考えなくてはなりません。当たり前を知ったうえでの、次の現実的な問題意識が必要になります。それが自己PRというテーマにおける水準だと心得てください。

「自分探し」ではなく「作り上げる」

自分の中には「1000人の自分」がいる

「自分探し」は一生かかっても難しいくらい。
むしろ作り上げていくという覇気や前向きさが必要

添削問題

自己PR「十年後の私」について

よく出題される課題

- 「十年後の私」という題であなたについて述べよ。
- 「鏡の中の私」という題であなたについて述べよ。
- あなたがいかに当社に相応しいかをPRせよ。
- あなた自身の「死亡記事」を載せなさい。
- 三分間のインスタントで人間ができます。あなたに置き換えて述べよ。

「努力は人を裏切らない」。私の机の上には、①その葉書が今も飾られている。送り主は五つ年上の先輩。出会ったのは、私が小学一年生の時、学校で「交流学級」と称して六年生が面倒を見てくれ、その時知り合った人だ。

　私はその人から手紙の書き方を教わり、②以来年賀状の交換をはじめ、今も続いている。常に私より五年早く走っていく先輩は、一年に一回アドバイスをくれる。ある時は、先輩の母校が夏の高校野球大会に出場し甲子園まで応援に行った話、またある時は仲間数人とともにボランティア団体を設立した話、笑いあり涙ありのエピソードの中に心躍らせながら、人生の先輩の行動を参考にしたり、或い

◀ポイント

①導入部分の明快さは評価できる。

②書き手の継続性は注目される。

は反面教師になることもあった。どれもが興味深く、そして「自分は五年後、どんな生活をしているだろう」と③考えるきっかけになる。

そして私が大学受験をする年の元旦、ポストを開けると④そこには先輩から恒例の年賀状。今年はいつもと違い、僅かな文字だけの年賀状が届いた。飾った絵はなく、ただ太く大きく「努力は人を裏切らない」と書かれていた。

それが、⑤どれだけ励みになっただろう。私は心で泣いた。そして、絶対にくじけまいと誓った。

もう十五年以上会っていないが、いつも心に居続ける先輩。その言葉はどんな格言よりも重く、何よりも暖かい。私の言葉もそうな

③材料としてはまだ不足気味。

④体言止めは虚構性を作り出す効果がある（年賀状は先輩からだけきたものではないのだが、一通だけがクローズアップされる）。

⑤そのときの自分はどんなだったのかはここからはわからない。

れるだろうか。「今日を臨終と思し召せ」という言葉がある。これはいつ死んでもおか⑥しくないという人間の生命のはかなさを語っているだけではなく、日々最期と思うくらいの気持ちで、本気で生きろということでもある。

　未来とは現在の延長線上にあり、過去からの系譜の元に成立する。時間という概念の未来永劫を信じるのであれば、黙っていても未来は来る。しかし、それは投げやりなもの。未来とは開拓していくものだ。一年先、五年先、十年先を見据えながら、⑦今日の戦略を立てていきたい。

⑥評価する側の理解としては今一つ伝わらない。

⑦書き手の意思が伝わる終わり方。

自己を巧妙に隠している防衛体質が見て取れる。表現はうまく教養を感じさせる。課題に対しての具体性はあるが、優等生的と判断される。正解を深く吟味していく必要がある。

4 「生活」というテーマは、場面を軸に自己を語る

一つの場面をさまざまなアングルからとらえる

●──「こういうことがあった」を元に書く

生活というテーマも意外と多く出題されます。学生生活、社会人生活を振り返ってなどを問う課題です。素朴なテーマではありますが、あなたがどんな人物かを知ろうというううえでは古典的で普遍的なテーマと言えます。

素直に「こうして過ごしていました」というのは正統的な書き方です。それはそれでいいでしょう。テーマを考えれば回答的になるのは自然なことです。

これは基本としては自己PRと同じです。ただ、**「場面を軸に自己を語る」**ということを心掛けてください。「こうしていました」ではなくて「こういうことがあった」というエピソード、場面を軸にして書いていく点が自己PRとは異なります。

作文では、特に「場面に始まり場面に終わる」と言えます。つまり、多くの素材が全体を構成するような効果的な場面と描写が合否を決めると言っても過言ではありません。

これは**定点アングルだけではいけない**ということです。映画を撮るカメラマンのような

能力が求められます。描き方には思索力が表れますので、表現力はそういうところで具体的に表していくのです。ただし、文芸調にすればいいというものではありません。

●――皆と同じ分析ではなんのプラスにもならない

問題
まな板の上の鯉をイメージして、いろいろなアングルから眺めてみたらどうなるか考えてみましょう。

まず、あなたの目線をどこに置くかを考えます。

料理人の目で観察する。これは実に簡単ですし、誰もが思いつきそうなアングルです。このアングルを大きく変えて、あなたがまな板の目になったりすることもできます。さばかれる魚の目になってみてもいいでしょう。

そのほか、包丁の目になったり、それを見ている第三者の目になったり、天井の目になったり……。そうしていくことで、実に多角的にその一つのシーンが描かれていくことになります。

これは誰も望んでいるわけではありませんし、そうしろという絶対的なものでもありません。しかし、もしあなたが多角的な目を持って作文を書けば、人事担当者や試験官も思わず唸《うな》るような文章になるはずです。

一つの事象やデータを皆と同じように扱っていたら、なんのプラスにもなりません。それをほかの人たちが不合格になるという視点からとらえていくことができたら、あなたは確実に重要な見解を述べることができるはずです。

例えば、「私はバレーボールの練習に邁進《まいしん》していた」と書くとします。そして「こんなことがあった」と続けるとします。問題はその後です。的確にコンパクトに冗漫《じょうまん》にならずに一つのエピソードの場面を描くことが重要です。

その中で、あなたは中心なのかどうか。あなたの目でしか描けないのか。他者の目で描けるのか。いくつもの目で描けるか……。それが多角的なアングルなのです。

「ボールに向かっていったのか」「ボールが迫ってきたのか」「観客の一人がそれを見て何を叫んだか」などなど。描くとは「視点は主語を決定していく」ということです。その視点を三つは持ってください。

多角的なアングルで場面を描く

ポイント

★「こういうことがあった」という
エピソード、場面を軸に自己を語る

★定点アングルではなく、
多角的なアングルで描く

ほかの人と同じ視点でとらえては
合格する文章は書けない。

映画を撮るカメラマンのように
多角的な視点を持つ

5 場面をどう描写すればいいか

場面描写では「このように……」はいらない

作文で場面を軸にして書いていく場合、具体的に自分を表すときに「このように……」という文でまとめることだけは避けてください。なぜならば、「このように……」は紋切り型の言い回しだからです。これは誰もが使う表現ということです。

どうでもいいエピソードを書いて「このように、私は責任感が強く」などと書かれた日には、人事担当者や試験官もため息をつくしかありません。

第三者の言葉や客観的な事実で自分を語らせることをしましょう。「私は真面目です」ではダメなのです。「真面目さ」をどう客観的な事実として描いていくかが問われのです。

多くの人は、この部分がどうも不器用なようです。自分を主語にして語ることがいいと思ってしまうのですが、それは大間違い。書いているのは本人なのですから。本人の手になる作文なのに、そのうえ「私は」を使うとくどくなってしまいます。場面を描くとは、言い換えれば「虚構化」ということになります。

それは、私や私の日常を「言葉」で構築していくことです。主語をずらして書いていく

場面描写のポイント

- **視点に道具を活かしていく**
- **読む人に映像を提供する**
- **相手の頭に描き移す**

これができれば、あなたの、意見・人柄・
見ている状況・理解の水準など、すべて見えてくる

ということは、視点を多角的に持つということを意味しているのです。

例えば、「観客の目には私はこう映っていただろう。しかし当人は……なのだ」といった表現は必然的に生まれてきます。

生活の場面では道具も必要です。これも必要アイテムとしてあります。場面に取り込むというだけではなく、道具を際立たせていくことです。例えば、「電車は定刻通り無常に出発したのだ」「落ちていた五十円玉を拾おうとした私の目の前でドアは閉まる」「ベルの音は」というふうにです。

6 「家族」というテーマは、素材そのものを描写すること

イメージとして大きくつかんでおくこと

◉──日頃から考えていることがでる

実に難解なテーマです。もちろん「家族とは何か」などという根源的なテーマはほぼ出題されません。それは組織社会の根幹を揺るがす、触れてはいけないテーマだからです。しかし、あなたがこの問題をどこまで深く考えているかは、見解としても場面としても確実に反映されてきます。

このテーマに関しては、あなたの家族とは何かをまず考えておくこと。家族とは何かをイメージとしてでもかまわないので大きくつかんでおくことです。

学説などはいくつか知っていればそれに越したことはありませんし、引用として使えるはずです。あなたが学習しているかどうかを見るには実にわかりやすい指標です。

「へーゲルは、家族は埋葬するためにあるといった……」という「引用素材」をたくさん持ちましょう。サザエさん一家、ちびまる子ちゃん一家のように、一般に認められている家族の形もモチーフにはなります。料理の仕方一つです。

◉――言葉を使わずに表現する

また、あなたの家族紹介などに向けられている課題もあります。これもただ紹介するだけでは意味がありません。

陽気で、あわてんぼうで、そそっかしいサザエさんを、そのまま語れば安直な歌詞にすぎませんが、作文・小論文で表現するには、「買い物に行こうと町まで出かけたが、財布を忘れて……」のフレーズが必要です。ここでも場面のエピソードが必要なのです。

描写の書き方を考えてみましょう。「真摯で職務に忠実な公務員の父は……」ということをたとえの素材として表現していくのです。ここでは「真摯さ」をどう示していくかが要点になります。「優しさ」と書くのではなく、「優しさ」を描くのです。それが観察や場面構成や洞察の力量を示していくことになるのです。

◉――表面上の意見だけではつまらない

家族をテーマにした作文・小論文では、家族を褒めようとしている文が多く目につきます。家族の結び付きや健康な生活を示したいのでしょう。しかし、何か作りもの、借りもの、わざとらしさを感じてしまいます。いくら虚構とはいえ、楽しく愛情あふれた家族というだけでは、あなたはただそれに安住してきただけかという疑いを持たれかねません。「そのとき、いい家族でいようという思いだけが互いを結び付けていた」とか、「最も近くにいる家族こそが一番遠くに感じられた」とか、「わがままな姑に仕えている人生に母は何を思っていたのか」という、思索の作業が必要です。

日常の人間関係の最小単位としての家族の場でこそ、互いのわがままや言い争いがあったり、依存しあったりするものです。そこに無頓着ではいけません。まずはあなたの足もとを深く掘り下げてみてください。

「家族」と「家庭」と「家」。この三つについて、あなたは区分ができるでしょうか。

一つ屋根の下に住んでいれば家族なのでしょうか。

家族は必要なのでしょうか。

何をしていくのが家族でしょうか。

これは少子化や離婚、マイホーム破綻《はたん》、食育、教育など、多くの現代の問題の根幹に位置しているものです。

このテーマにおける合否の水準は、あなたが想像しているよりも高いものが問われます。あなたの確固とした理念は必要ですが、問い続けている現在の心境でもいいので率直に答えていくべきでしょう。

ここまで説明してきた「自己（自己ＰＲ）」「生活」「家族」の三つは、作文・小論文を書くうえでの基軸になります。あなたの持つ社会性そのものがすべて表れるからです。

「家族」というテーマでは、あなたの社会性が見られる

ポイント

★日頃から「家族とは何か」考えておく
★引用素材を持っておく
★エピソードを用い、「書く」のではなく「描く」

描写のしかた

「笑って部屋に入っていった弟が、声を忍ばせて泣いているのを私は知っている。しかし、やせ我慢して泣くことでこいつも一歩成長するのだと、私はドアを開けようとした手を止めた」

「皆が寝入ったあとも苦しみながら調べものをしていた父。働いている姿を見せようとしない人だった」

…など、直接的な表現を使わずに、
場面のエピソードを描くことで伝える

家族を描くとき、愛情だけで書いてはいけない。
哲学や信念が覗かれていくテーマなだけに、
上辺だけでなく、自分の本音を深く掘り下げる

添削問題

家族「家族崩壊」について

よく出題される課題

- あなたの「父、母の誇れるところ」を述べよ。
- 「少子化問題」について述べよ。
- ロボットは家族の代理になれるか？　あなたの意見を述べよ。
- 家族の記憶で一番古い記憶はどのようなものか？
- 家族の中心とは何だと考えているか？

人は、他者との関わり合いの中に生きている。「家族」というのは、その中でも①唯一無二の存在だ。自分自身ではないのだから、完全に自分を理解してくれる①わけではない。だが、一生のうちで関わるどの種類の者達よりも、限りなく自分に近いことは①確かだ。思春期や反抗期の青少年にとっては友人のほうに比重がおかれることもあるが、どんな形であれ無償の愛情を注ぎ、子供にとって最終的②な心の拠り所になるのが家族というものである。

しかし③現代社会において「家族」の形は変化し、崩壊の兆しを見せている。崩壊の影響を直に受けているのはやはり子供だろう。起こっている④現象は昔とそう変わらないものば

ポイント

①少し断定的すぎる書き方。テーマを考えるうえでは無理がある。

②根拠は無理として①のように断定的な論を持ち込んでいることの根拠が、ここでも提示されていない。

③過去のことから論じていくという書き方もある。

④「例えば」がない。そのため、③の部分で過去について論じておくといい。

かりであるはずなのに、なぜか簡単に引きこもり、ストレスに弱い性質を持つようになった。これは、我々の親の世代にはなかったことである。「現代の子供たちはより多くのプレッシャーを抱えているために、このような状況になっている」とよく言われているが、それは本当だろうか。大人が、自分達の対応⑤能力のなさを棚上げし、ただ社会や時代のせいにしたいだけではないだろうか。

　親達の言い分も分かる。外国勢と対等の壇上に上がるには、それ相応の努力をしなければならない上に、グローバリゼーションの波は実力主義化という形で押し寄せてきた。大人にかかる重圧もまた多くなり、家庭という

⑤一般的な答え。もう少し掘り下げて述べたい。

ものに重きをおけなくなっている。だが、考えて欲しい。⑥人は、なぜそこまで働く必要があるのか。それは、家族を養い、より良い家庭を築くことで、子供達だけでなく自分にとっても大切な居場所を作るためではない⑦のだろうか。それを勘違いしたのか、目に見える金銭的な豊かさのみに惑わされ、内実を見極められなくなっているからこそ、人と人の関わり合いが疎かになってしまっている。

　人間が関わり合うことの重要性に気付き⑧、責任を社会になすりつけず家族と向き合う必要があるのではないだろうか。

⑥こうした書き方は大袈裟。

⑦書き手の思い付きで書かれている。

⑧結論についてはあまり述べられていないうえに明快さに欠ける。

書き手の考えが未消化のまま。思い込みを断定的に述べ、進めている。独善的傾向がある。思考の過程を丁寧に述べていない。

第5章

添削例付　頻出テーマ別「書き方」「考え方」

1 「日本」というテーマは、位置づけを混同しないこと

新聞や雑誌の記事を読むだけでは書けない

●困ることが、考える起点になる

あなたが日本の状況・現状を認識しているかは、以下に考えてほしい課題によって表れてきます。新聞や雑誌の記事を読むなどというのは初歩の段階です。作文・小論文を書くのなら、それは当然のこととして、さらにその上の見解が求められます。

そうはいっても、今まで何となく知っていた問題であったなら、話を合わせていればよかったけれども、急に書けと言われても困るテーマばかりだと思います。

でも、困ってもいいのです。困ることがすべて考える起点になるからです。作文・小論文対策というものは一、二週間でマスターできるものではないのです。だからこそ、知ったかぶりよりは、困ったくらいでちょうどいいのです。

左のページのような切り口で、一度考えておくといいでしょう。日本に生まれたから日本人だという程度しか考えたことがないというのでは、グローバル化の流れの中に身を投じていくにはなんとも心もとないような気がします。

「日本」について考えてみよう

- 日本は呼称でしょうか
- 国でしょうか、国家でしょうか
- あなたにとって日本とは何でしょうか
- あなたの居場所でしょうか
- 属している行政単位でしょうか

この場合、主語は**「我が国は……」**になります。「国家」とか「国」とかで区分しないほうがいいでしょう。ちなみに、国に立脚した政治・思想・システムの総体を国家と言います。そして、国は国土や国の範囲を示しています。

ここで少なくとも知っておいてほしいのは、今の日本は日本という「国土や伝統」を指すのか、それとも、その上に構築された戦後の憲法で規定されている「国家」を指すのか。それとも、双方を含めたものを日本と言うのか……。

これは混同しないほうがいいのです。それぞれをわかったうえで、あえて混同させるくらいになれば、戦略としては人事担当者や試験官から評価されるでしょう。

◉――ミクロとマクロの視点が求められる

「日本」については数多くのテーマが出されます。**「現象・経済・政治・社会・外交」**などなど。この分野は数多くの現象が密接に関連しています。**物知りというだけではなく、日本を総体や概略としてとらえている人のほうが認識は高いと評価されます。**

つまり、部分に精通しながら、マクロな視点、つまり俯瞰《ふかん》できるという複合技が求められる分野です。

このテーマにおける正しい姿勢は、**さまざまな問題を客観的に分析して根底の問題点を抽出していくこと**です。ここを深くとらえることが、あなたの見解の大道になります。

日本では社会システムも複雑になって変化してきました。とはいえ、たかだか二十年、三十年の学習過程で得た知識は、皆大差はありません。

ですから、抽出した問題点をプラスに持っていけばいいのです。よく知らなくても、「こういう印象を持っている」「こういう問題がある」「こういう概要をとらえている」というくらいでかまいません。とはいえ、あなたの考える姿勢や知識の程度や精度は、人事担当者や試験官に問われることは意識しておいてください。

左のページのそれぞれのテーマについて考えてみましょう。

「テーマ:日本」はこう考える!

格差社会

まず考えなければならないのは、**果たして格差が必要かどうかということ。**人の感情もお金も考え方も格差を前提にして流れていくものなので、例えば、国家の中で「循環」を作るなら、格差があることで海外に安い労働力を持つ必要はなくなると考えることもできる。そこで考えるのは、かつてのように世界最高水準の賃金をもらう中産階級ばかりがいることが健全な国家の姿なのかということ。

また、**勝ち組、負け組というものの正体は何なのか。**お金そのものなのか、お金を動かす力なのか、お金を自由に回せる力量なのか、それにまつわる権力なのか……。

書く側も定かではないので、あまり知らない語句を使うのではなく検討していく姿勢を持つことが重要。

地方分権

- **戦後のシステムではないか**
- **警察、教育界、知事などが分権としてのシステムを作ったのではないか**
- **地方分権は機能したのか**　●**今なぜ地方分権が語られるのか**
- **日本が地方分権や道州制を敷いたとしたら、その根拠と展望をどう見るか**
- **自治体の財政破綻をどう見るか**
- **没落していく自治体に本当に活性化・活力をもたらすものは何だろうか**
- **今まで地方は何をしていたのだろうか……**

このような鋭角的な問題意識があなたの考える姿勢の根幹にないと、このテーマに切り込んでいくことは難しい。

政治

自分の思想や信条を出さないほうがいいと言われるが、世間で一般的に流布されていることも政治信条。皆が言っている、あるいはメディアが言っているから正しいということでもない。

流れに乗ることよりも、それを分析していくことが必要だというテーマとして「バブル、バブル崩壊、不況、再生」ということがこの25年の教訓として挙げられる。

添削問題

日本 「守るべき日本」とは何か

●よく出題される課題

・「日本」において重要なものを一つ挙げ、意見を述べよ。
・「日本とは何か」という題で、あなたの考えを述べよ。
・「守るべき日本」とは何だと思うか？
・「コンプライアンスのプラス面とマイナス面」について述べよ。

ホリエモンこと堀江貴文・ライブドア前社長の話題が昨今世間を賑わせたが、これに象徴されるように、①日本人に元来内在する倫理観や秩序が近年急速に崩壊しているように思う。「金さえ出せば何でもしていい」というセリフが聞かれる。しかし金とは本来、労働や知恵などによる社会貢献への対価として支払われるものである。社会貢献度の高さやそれに見合う品格を持つ人間のアイデンティティとしての「金持ち」が目的化され、②「金儲けが人間の価値を決める」という発想の逆転が生じてしまっていることが問題の根幹にあるように思う。

所得の格差が騒がれるが、本来、民主主義

◀ポイント

①曖昧さが残る書き方。

②書き手の堅固な考え方が表れている。

国家において格差が生じるのは当然のことで、肝心なのは③格差を埋める機会を持てない社会体制になっていることや、中・低所得層の上昇志向が薄れてしまうような情勢になっていることが問題なのである。格差を埋めよう④と政府が動くことは、共産主義的な福祉国家へシフトすることを意味する。

　上層が贅沢な生活をできるのは、貢献への対価だけでなく、同時に庶民に対して「頑張ればこんな生活ができる」と夢を持たせる、目標としての意味もある。だから、「セレブ」なのであり、品格が備わった行動を見せていくのだ。

　第二次大戦の敗戦から立ち上がった日本人

---

③考えとしては少し安易な感じがする。

④評価する側がどうとらえるか。理解が浅いのではないかと感じる。

は働いて働いて経済大国となり、各国から羨望の眼差しを受けた。あれから六十年、今わが国の「セレブ」と呼ばれる人間のどれだけに品格が垣間見えるだろうか。ボロは着てても心は錦、とかつては言ったが、今は逆転しているようにさえ思える。

　節度を持って、格を持つことが本当の格⑤差是正につながり、ひいては国家の再建につながると私は考える。守るべき日本……失ってはならない日本の美……守るべきものは金でも物でもない。節度と品格だ。

⑤結論にくる過程が雑。事例・素材が乏しく吟味がおろそかで、意見のみで進めてしまっている。

大上段に構えすぎている。節度と品格はイメージではなく実質として語れるかどうかが問われる。主張の背景に一面的な理解と信仰的な傾向を感じさせる。

2 「世界」というテーマは、日本を軸に置き換えること

「それはなぜか」を考えるといい文章になる

世界に関してはよく国際化という過去の言葉が使われます。多くの作文・小論文は、ちょっと海外旅行に行って異文化に触れ、そこから国際協調だという流れです。

現実は日本は世界であまり評価されなくなっています。お金や経済力には敬意を払っていますが、文化や人間に対してはそうでもないことが原因ではないでしょうか。**作文・小論文では「それはなぜか」を考えるといいのです。**これが一番の要因になります。

「作文とは何だろうか?」で述べたことがここでも浮上してきます。つまり、**表現には一貫性が必要だ**ということです。これであなたもだんだんわかってきたと思います。

日本としての自己表現というくくりにしていくなら、視点が人工衛星のように俯瞰《ふかん》できるようになるはずです。しかし同時に、あなたは日本人で、あなたには伝統的に思想や理念が日本人としての形になっているはずです。

このテーマで作文・小論文を書くときは、それを忘れずに大枠を持っていることを示すといいでしょう。

前述の通り、こうしたテーマを出題してくる企業が求めているものは何かを考えて戦略的に書くのであれば、彼らがどんな作文・小論文を期待しているかもわかるはずです。

「テーマ:世界」はこう考える!

語学

- **語学は何のためにあるのか**
- **何のために必要なのか**
- **旅行やちょっとしたビジネス会話で何ができるのか**
- **その中にはトップの人たちとの会話、話題があるのか、彼らと議論できるのか**
- **駆け引きに持ち込んで勝てるだけの語学……表現の力が背景にあるのか**

自問自答でかまわないので、語学をテーマに考えるときには、このくらい考えなくてはいけない。こうした考え方が文章に反映していく。

さらにそこから派生して、「日本語はなぜ国際語にならないのか」と考えることもできる。日本語を世界に普及していくことよりも、進んで外国語を学ぼうとするのはなぜか。日本語を学びたいという人が世界で多くなっていかないのはなぜか、と掘り下げてみるとよい。

国力

国力とは現在を考えるのか、未来をどう含ませるか

何か昔の青年たちが議論していたことのようですが、そこまで考えている人は、人事担当者や試験官からも「骨のあるヤツだ」と目に留まるはず。

添削問題

世界　あなたの「海外での経験」を述べなさい

●——よく出題される課題

・世界における日本とは何なのか？
・（資料を提示して）国際比較によると高校生が孤独である、という結果が先進国中でNo.1であることに対してあなたの意見を述べよ。
・あなたにとって国際化とは？　あなたの意見を述べよ。
・あなたの海外での経験を述べよ。

「本当に集中しているときは、逆に物事を①深く考えられないんだよ」。夜の散歩から帰ると、その人は言った。

　北京市内からバスで3時間ほど北上すると、そこには農村が広がる。畑が広がり、馬が歩き、山々が辺りを取り囲む。「ちょっと歩いてみよう」ということになり、夜の散歩に出かけた。村の真ん中には、一本の車道が走っている。その道を北に向けて歩き出した。恩田陸の『夜のピクニック』を思い出す。村のどこかの家で飼っている犬が、足音を聞きつけて吼え始めた。長いこと追いかけてきたその声も、いつの間にか夜の風に飲み込まれた。

　道は真っ直ぐに真っ直ぐに伸びる。時折思

◀ポイント

①書き出しの展開はスムーズ。

いついたように、車が向かってきたり、追い越していったりする。そのヘッドライトとテールランプを眺めて、数キロ先で、道が左に折れ曲がっていることを知る。②「人は、こんなふうに真っ直ぐは生きられない。左右に曲がりくねって、進むしかないんだ」。左右の景色を眺めているうちに、辺りに光源がないことに気付いた。月明かりってこんなに明るいんだ、なんて使い古された言葉が頭を過ぎる。足音、風音、風が木の葉を揺らす音、そして時折車の音。それが全てだ。

　3キロ程歩いて折り返した。歩き出してから初めて振り返ったが、村の明かりは見えなかった。歩いている時には気付かなかったが、

②感覚的、感性的であり、しかも書き手の考えを包み込む奥行きがある。書き手の教養的な背景を感じさせる。

どうやら途中から緩やかな坂道だったらしい。

　帰り道は終始無言だった。マフラーの中に顔をうずめ、ポケットに手を入れ、自分の足元だけを見つめる。旅で出会った人々の言葉③が甦る。この静かな世界で、それらを自分なりに咀嚼しようと試みても、言の葉は捕まえたと思った途端、するりと手から抜けていく。

　言葉との追いかけっこに疲れきった頃、宿の明かりが見えた。もう一度振り返る。夜の闇が広がる。今の世界は、時間は、何だったのだろう。「極限の集中状態は、極限のリラックスと同義なんだよ」。

③文章を平易化しつつも、書き手の描写力を感じさせる。

明晰さがあり、卓越した表現があると言える。内容の絞り込み、視点など、背景としての教養の高さを感じさせる。

3 「政治」というテーマは、課題が抽象的か具体的かで答えが変わる

独善的な意見や知識はかえって嫌われる

このテーマでは、**理解の水準を評価する**ものが多いです。今までの学習や専門領域で培《つちか》ったことを、「青臭いこと」は承知のうえで果敢《かかん》に述べていきます。**解答に確信を持つのは難しいことですので、あくまでも途上としての位置づけをしておくことです。**

ただし、独善的な意見や知識をひけらかすような内容は人事担当者や試験官も嫌います。評価するにしても、それほどあなたの学習内容や知識を評価していないということを知っておくべきです。あくまで個人を見ようとしているのであり、目の前にあるあなたの文章であなたをとらえようとしているのです。

注意してほしいのは**「抽象的なテーマには具体的に対応していく」**ということです。抽象的なテーマに抽象的な表現というものはいただけません。逆に言うと「具体的なテーマは抽象化や普遍化を試みていく」ということでもあります。

一つの場面や事象には、視点を多角化していけばすべての問題が含まれることになります。前にも述べたように、情念的・感情的な書き方は、「言いたいこと」を言っているに

すぎません。ここでもやはり「言うべきこと」を書いているかが問われるのです。
なぜなら、企業や組織の現場では自己制御ができず感情だけのコミュニケーションが多発しています。ですから、当然「言いたいこと」だけを書く人は評価されません。

「テーマ:政治」はこう考える!

今の政治の問題点

●**議会制**　●**憲法**　●**法律**
●**政治家のモラルと見識**
●**官僚などの特権意識と制度疲労**
●**従順すぎる国民**　●**メディアの政治作用**
●**タレント化**　●**大衆迎合主義**
●**コンプライアンス**　●**サービス**
●**国家の主体性**　●**外交の材料**　●**無駄**
●**監視の低下**　●**軍事**　●**衆愚化**　●**世襲**……

これらを野党のように批判や追及していくだけではなく、問題の根幹に何があるかを導き出していこうとする姿勢が重要。
民主的な個人が作られていると考えるか。作られている途上と考えるか。あくまで建前として考えるか。それがあなたの考察になる。この辺を土台として意見を持っていることが望ましい。

例えば…

議会制

「多数決は正しいか」ということに掘り下げるとよい。1人の優れた見識者と99人のバカ者の感情との採決で多数決を採れば、優れた見識は無に等しくなるが、果たしてこれでいいのか、というふうに考えていく。

タレント化

テレビに出ている人が議員になるチャンスが高くなり、人気投票化していることへの見解を述べる。

添削問題

政治 「世襲制」に対するあなたの考えを述べなさい

●──よく出題される課題

・タレント議員現象をあなたはどう思うか?
・政治の世襲制に対するあなたの考えを述べよ。
・昨今、話題になっているお詫び会見、お詫び記事についてのあなたの考えを述べよ。
・一元外交、多元外交についてのあなたの意見を述べよ。

①世襲制とは本来、親の論理、社会の論理ではなかったか。親は自分が築いた職業資産を手放す時、他人でなくわが子に託したい。子の将来を心配せずに死ねる。周囲の社会も専門的叡智や職人芸が世代ごとに失われることなく、受け継がれ洗練されることで多くを得る。一方で、親の職業を継ぎたくない子の波乱と苦難の物語は多い。親とは似ない子が親の決めた道に逆らって固有の生を切り拓くことが、しばしば新たな創造のエネルギーを生む。

　いくつもの戦乱と革命の歴史を経て、私②たちは職業選択の自由を獲得した。とはいえ、実際に自分の意思で職業を選べるのは、今で

◀ポイント

①書き出しはうまく書かれている。

②問題意識を持っていて、指摘も鋭い。評価する側にも十分読み応えがある。

も世界人口の数%にすぎないだろう。にもかかわらず、社会の上層に世襲制の花が咲き乱れている。命を預かる医師。株主と従業員と場合によっては顧客の命や財産をも預かる経営者。社会のあるべき姿に向かって身を挺するべき政治家。高い道徳と倫理に照らして紛争や犯罪に取り組むべき法律家。いずれも私利私欲を捨て厳しい使命を負う高みにあるはずが、やけに二世が目につく。彼らはまるで保証された道を自動的に進んでいるようにさえ見える。自らの個に由来する葛藤や苦しみは、どうやって封じるのだろうか。

　政治家の安倍晋三氏が首相だった頃、都内③の小学校を訪問した際、政治家になった理由

③引用・事例が的確に盛り込まれている。

を小学生に問われて「おとうさんも、おじいさんも政治家だったから」と答えたという。所詮、職業の根幹となる精神を伝え得ず、既得権益だけを遺した先代、先々代たちの眼力がその程度だったのだ。約一年ほどで退任に追い込まれたのもうなずける。

　天真爛漫な二世三世を指導層に戴く私たちは、④親を踏み潰すことを厭わず爽快な瓦礫の山を築く次世代を育てなければならない。そしてその瓦礫の山から何を学び何を捨てるべきか、その指針を、自らの破滅のありようをもって示すことになるのだろう。

④高いレベルの表現。

言語表現の過激さは、むしろ内在する問題意識の発露の反映と考えられる。着眼・着想などもそつがない。一種の攻撃的知性として評価される。

4 「経済」というテーマは、分析すること

出題されたテーマを理解しているかが基準になる

◉──市場の流れをつかんでいることは大前提

経済は日頃から市場の流れをつかんでおかなければ、出題されても書けません。では、市場原理を考えるとき、その全盛は何を生み出すかなどということについて本当に学習してきたでしょうか。

これも一つの有力な選択ですが、最良ということでもありません。現在では格差問題などもありますし、また、世界の資本家たちが日本企業を買ったり売ったりしていく中で何がもたらされ何が失われていくかなどの問題もあります。**学校で教えられなくても、メディアや感覚で学んでいくことはできるはずです。その際、疑問点などは提示すること。付け焼刃で知っている知識を並べることは決してプラスにはなりません。**

ある企業の入社試験に、「君に我が社の一部門を独立採算として委ねるとする。何をどう展開したいか、何を必要とするか、何にどう貢献できるかなど述べよ」というものがありました。

「テーマ:経済」はこう考える!

ワーキングプア

- フリーターやニートの減少をどうとらえていくか
- 学歴と賃金の関係　●コンプライアンス　●不祥事
- モラル低下　●労働の質の変化
- 存続のための利益活動と企業の盛衰
- 経済国家としての展望　●イノベーション
- 年金などの依存体質の問題……

私は添削を頼まれたのですが、このテーマは読んでいて楽しいものでした。この企業が求めていたものは、自分で展望できるということの質でした。たとえ一介のサラリーマンでも、このくらいの意識は持たなくては企業も採用しません。

企業は作文・小論文からその人の素質と実践性と理解力を見極めようとしています。それを見るうえでの興味深いテーマになるのです。

しかし、きちんと描けた人は一割もいませんでした。しかし、私が求められた採点基準は描けないからアウトということではありません。そこから素質を見ていくことです。企業はあと一歩の人材を必要としているよい例です。

経済というテーマに関しては現象の事例や素材が必要になります。データ素材や引用素材がセットと考えてください。理論だけでは説得力に乏しいと思われてしまいます。学説的な深さはここでは求められません。理論の専門家は企業にとって必要のない人材です。出題されたテーマを理解しているかどうかが基準になります。

◉──「こうすればこうなる」では不十分

また、絶対条件があります。それは事例や素材に対して**「要素を分析すること」「要因を分析すること」**が必要です。あなたの感度と知性がここに表れます。

「ここに内包しているものは何か。つまりは……」

「ここから要因を抽出してみると……」

という文が重要になってきます。

経済とは後追い論理の世界ですので、未来予測は難しい。ですから、書くときにはどうしても過去や現在や事実を分析していくしかありません。ということは、「今後」を述べるにしても現在や過去や事実が前提となります。

論理的な整合性や「こうすればこうなる」式の論理はよく見受けられますが、それは、理論のための理論でしかありません。それでは、ただまとめただけになってしまいます。

「一つの可能性として……」

「経済」というテーマでは、理解度が重要

ポイント

★まずは、日頃から市場の流れに目を向ける

★事例や素材に対して「要素」「要因」を分析する
「ここに内包しているものは何か。つまりは……」

「ここから要因を抽出してみると……」

という文が重要

★必ず「現実」を踏まえて、文章を展開していく

「これも考えられる」

「この場合、こういうことが予測され、そこにこんなことが派生するかもしれない」

というように、不確実なものを予測して書くことは、あなたの知識の浅さを露呈《ろてい》してしまいかねません。必ず現実を踏まえてください。


特に、ネット環境に埋もれている人は、作文・小論文がワンパターンになりがちなので注意が必要です。「こうすればこうなる」式の記述が多用されていて、思考も機械化しているような気がします。やたらと図式などを作って悦に入っている人もいます。

考えることで何かを突き破れば新鮮な人材になれるはずです。代わりがいくらでもいるような立場に進んで立つことはなくなるはずです。

添削問題

経済 「フリーター・ニートの問題」について

よく出題される課題

- 派遣社員についてあなたの意見を述べよ。
- フリーター、ニートの問題についてあなたの考えを述べよ。
- 大学が就職予備校化していることに対してのあなたの意見を述べよ。
- 商品をＰＲせよ。
- 当社で君が「独立分社化」した場合の規模、戦略を述べよ。

①　フリーター、ニートは解決すべき問題として語られる事が多い。
　フリーター、ニートの問題点とは一体何だろう。学校教育的には「真面目に」「頑張って」「努力すれば報われる」という理想、目標の挫折であり、社会的には予算を計上しなくてはならない福祉予備軍であり、また勤労、納税の義務を果たさない若者集団の出現であり、家庭においては世間体の悪い、しかし心配の種の子ども達という事になるのだろう。私はそれに理想と現実のせめぎ合い、或いは理想と現実のひずみという観点を付け加えたいと思う。②
　現在、教育はサービス業化してきている。③

◀ポイント

①書き出しとして問題意識を持ってくるうまい書き方。

②書き出しの問題意識に対して、その要因を分析していく展開。

親達は遠慮なく権利を主張するし、不登校も社会が容認しつつある。そして「子どもに優しい社会」になってきている。塾など教育産業では若者や子どもは顧客であり、市場でもあるからなおさらだ。しかし、それは学生というう身分がある間だけである。一歩社会へ出ると、或いはその身分から離脱すると状況は一変する。学歴、何ができるか、結果を出せるか、資格があるか、給料を払うに足る人間であるかが常に問われていくことになる。それが自分の価値、値段ということになる。その現実に翻弄される精神的、社会的体力のない若者たちがフリーター、ニートという選択をしていくことも仕方がないのではないのだ

③ここは一つの解決方法としては理解できるが、せっかく良い要因の分析が活かされていない。

ろうか。

　社会は、大人は自分の都合でフリーター、ニートの心配をしているように思えてならない。④何故フリーター、ニートを問題にするか、自分の立場を捨ててその根本を問い直してみることがまず必要ではないのだろうか。⑤点として個別に存在する彼らは、現社会ではとにかく生きていかれるのは確かなのだ。それが何故いけないと問い返されたとき、答える言葉はどう用意されるのだろう？

④解釈が甘かったせいか安直な結論に至っている。

⑤ここはむしろ書き出しの問題意識の理解になるため、終わり方としてはふさわしくない。

中途半端な感じがする。着眼点や分析の力量を考えて序論を構築していない。散漫な文になっている。結局は問題を問題として述べているに終始している。

5 「社会」というテーマは、事件・事例から現象を探ること

他分野の素材と結びつけたり比較したりして読み応えのあるものに

事件などは、よく事例や素材として使われます。というか、そもそも社会の構造をあぶり出していくことが事例そのものと言っていいでしょう。だから大きな論旨としては、**「こういう事例からこういう社会の姿が覗《のぞ》ける」という見解**になります。

あなたは事件というと何を思い浮かべるでしょうか。

ニュースに取り上げられたものを事件と言うのでしょうか。それとも、誰も知らないし気がついていないような日常の出来事も事件と言うのでしょうか。

確かに意識的に報道されていけば、それは多くの人を引き付けて次第に大事件になっていくでしょう。しかし、それは加工することで意図的にコントロールしていくために、「事件」として作られていくものだということです。

そうした事実を知ったうえで対処していく気構えが必要です。何も考えない人の中には事件はメディアの中で起きていると思っている人もいるくらいです。

例えば、いじめや自殺などは常にあることなのに、報道されないと「いじめや自殺はな

い」と思ってしまいます。作文・小論文を書く場合は、それでは困ります。そして、**事件について書くときは、あなたの眼力が問われます。**左のような二つの方法があります。

「事件」について書くには2つの方法が効果的

事件を1つの現象としてとらえる

事件を「**包括現象**」として見ていく。1つの事件・現象に含まれているものの大きさを知り、それを示して分析していくということに主眼を置く書き方。

「**要因を分析する**」ことが必要になり、事件・現象そのものを解体し、まな板に載せるというプロセスを述べていく方法。この書き方は訴求力がある。

事件を1点だけ取り出して考察する

事件・現象にはらまれている1つの点だけを抽出する。この1点について吟味・考察を展開していくという方法で、ストレートで素直な書き方になる。
知識や深さが求められるだけでなく、展開が核になる。他分野の素材を持ってきて結び付けたり比較したりすると、読み応えがでる。
「不祥事があった。お詫び会見をした」→「モラルの低下。隠ぺい体質。管理体制の不備」→「コンプライアンスの徹底。社員教育の徹底。制度整備」という一般論は書いても意味がない。

事件が起きた原因の究明が合否を決める。さらに、「なぜ生じて、事件となったか」の解決策が見られるポイントである、「**どういう要素が加えられたことで事件になったのか**」**というプロセスを探ることが大事。**

添削問題

会社「相次ぐ不祥事」について

よく出題される課題

・相次ぐ不祥事についてあなたの思うところを述べよ。
・外国人犯罪についてのあなたの意見を述べよ。
・インターネット犯罪についてのあなたの考えを述べよ。
・自殺サイトというものへのあなたの考えを述べよ。
・もはや日本は「安全な国ではない」という事実についてのあなたの意見を述べよ。

　政治、経済共に不祥事は常々事欠かない。単に明るみに出れば騒ぎ立てられるというだけで、①今さら何があろうとも別段驚くに当たらない。そうした不祥事を起こした当事者が非難されてしかるべきなのは確かだが、しかし私は時に、②非難する側にも不快感を覚える事がある。一方的な非を責めて言いたい放題なわけだが、では自分がその立場だったら、本当に正しい行いに徹することが出来ると言い切れるのだろうか。

　政府に対する野党の追及などを見ている③と、時折それを思う。やれ与党が悪い、あいつが悪いで片づけてしまうのは、的外れともなり

◀ポイント

①問題意識がこの段階で終わってしまう書き手の感性が見て取れる。

②ここは書き手の視点を与えている。

③この素材を待ってくることは良いが、文章としてまとまりに欠ける。

かねない。逆に、野党が直接的に国を動かす立場と権限を得た時、同じような過ちを起こさないと言い切れるのだろうか。政界にせよ経済界にせよ、取り巻く環境や社会情勢を反映して、そうした不祥事は④起こるべくして起きている側面もあるということだ。そこに踏み込むことなく、表面的な非難しかしないというのは、これも無責任な話に思う。根本的な解決を図るには、そうした周辺事情にまで及んで熟慮する⑤必要があるのではないだろうか。

　何よりまずは我が身を省みる姿勢が廃れてきたせいか。責任や要因というものを、⑥単純に押しつけやすいものにあてがう風潮が目立

④この先に語るべきものがあるはずだが、それを捨ててしまっている。

⑤この段階の終わり方としては曖昧さが残る。

⑥例・素材を用いていない。

つような気がする。これは実に危惧すべき事だ。そうやって本質が見えないままに有耶無耶となり、同じ事が繰り返されているのではないか。

　なぜ不祥事は起きたか、何がそうさせたのか、自分がその状況に置かれたらどうか。想定すべきものは多く、そのどれについても侮れない。⑦非が誰にあるか責任を問うことと、非を招く原因を捉えて解決を図ることは別である。

⑦現象としてとらえたときの傾向、問題にする目的などもっと踏み込むべき。

こけおどし的な文になっている。わかっている気になって、自分の優位性のみ示そうとしている。他者を見下しつつ、他者に認められたいという欲求が見て取れる。

6 「科学」というテーマは、社会の現実と好奇心をはかりにかけること

好奇心を盛り込みつつ、現実の延長上にあることを忘れない

◉――背伸びをした文章は嫌われる

このテーマでは**客観性**と**合理性**が必要です。**問題意識と共に、好奇心やテーマに対しての理解力が求められます。**

しかし、専門家の論文ではありませんから、あなた自身の理解と認識を土台にして書くしかありません。ですから、わかっている以上のことは語らないほうがいいでしょう。背伸びしたものや無理をしたものは、人事担当者や試験官に嫌われやすい傾向にあります。

専門の知識を問う課題に関してはここでは説明しませんが、科学をテーマにした課題は、あなたの学習の度合いや現時点での認識、キャリアを試すものになります。だから上手にまとめようといった配慮はいりません。

この場合、一つ中心になる問題意識として「科学は倫理や思想でコントロールできるものか」という視点は持っているといいでしょう。

「テーマ:科学」はこう考える!

クローン人間

生命倫理などで、果たして科学技術の進歩は制御できるものか。それとも制御していいものなのか。あるいは、制御しなくてはならないものなのか。

軍事

軍事利用の是非。

医学

医学の究極とはどこにあるのか。自然治癒としての医療もあれば、人工的に人を改造してロボット化していく医療、あるいは予防医学などの、病気にならないという究極の姿、臓器移植などは部品交換もある。
死の恐怖から人を救えるか。あるいは延命が目的になるか。300歳まで生きられる医療や食事や環境ということを掲げていくのは悪いことなのか。遺伝子の解明が進んだのなら、その先にバラ色の未来を描くことはよくないことか。神秘の部分を残してそれを愛でていくことは、文化としてあっていいのではないか……など。好奇心を持ってこのテーマに臨むとよい。

科学は簡単な結論を語れるようでいて、
実はけっこう難しい。
科学技術というものの性質自体にタブーの
領域があるのかということも、
併せて考えていかなければならない。

◉——好奇心を持って書こう

科学は未知との闘いの歴史です。ですから、その歴史や流れには書くときにも敬意を払う必要があります。それゆえ高度な知識が求められます。

「賛成かどうか」というような問題もよく出題されます。これは別にどちらが正しいかの決を採っているのではありません。あくまで、あなたがどこまでそのテーマについて考えているのかを知るためにあります。

クローンについて賛成か反対かを問うものなどは、代表的な課題です。これなどは、世の中の仕組みがまだそういう変化を認めるところまでいっていないことを考えると、自然と抑える方向に論が展開していくでしょう。

歴史や社会の流れを踏まえて考えていくことも必要です。例えば、日本は山国ですから、個人用の飛行道具があってもいいのですが、そうなると都市や住宅などを大きく変えていかなければならなくなります。法律だけではなく文明の変化にまで発展していきます。とはいえ、政治も社会も思想も追いつかないというのが現実です。

科学はSF、想像の世界です。しかし、現実の延長上にあることを忘れてはいけません。つまり、あなたが考えられる枠内で書くことです。

最初にあなたの好奇心が求められていると言いましたが、科学にはそういう想像の自由、好奇心が満タンに含まれています。ですから、そうした部分は作文や小論文に盛り込んで

「科学」というテーマには、好奇心を持って臨む

ポイント

★問題意識をしっかりと持つ

★背伸びせず、知識以上のことは語らない

★好奇心を持ち、想像力を働かせて書く

いったほうがいいのです。

科学の進歩と人類の幸福は古典的なテーマですが、こんなことを考えると好奇心はふくらみます。その際に、「科学技術は進化したが人の心は……」「ものの豊かさや生活の便利さと人の心というものは……」というような文章を考えるのはダメです。

「心や人間の倫理・思想がギャップを生んでいる」と書くと言いたいことはわかりますが、これでは当たり前のことを述べているにすぎません。それならば、「ものの豊かさや科学の進歩自体が心の豊かさであるという考えを持てないのはなぜだろう」という視点で見たほうがよほど面白いものになるはずです。

添削問題

科学 「人体のクローン」について

●——よく出題される課題

・人体のクローンについてのあなたの意見を述べよ。
・「集中治療室」というタイトルで自由に書け。
・看護婦から看護師と変わったことに対して述べよ。
・ＩＴ化について、あなたの意見を述べよ。
・宇宙、宇宙開発についてのあなたの意見を述べよ。

①クローン人間は技術的に危惧される点として、遺伝子に年齢情報が含まれる事による発育上の問題など、未解明な部分もある。しかし全く同じ遺伝子を持った人間が生まれてくるというならば、それは一卵性双生児と大差②ないように思う。むしろ同時に発生し、生まれてくるという点では一卵性双生児の方がより特殊にすら思える。その彼らでさえ同一なのは先天的な部分のみで、後天的には名前、兄弟姉妹の上下、空間的影響など、あらゆる点でアイデンティティーが確立されてい③く。

　人間から生まれ、人として扱われるならば、一体何の問題があるのだろうか。問題があるとするなら、④それはクローンとして生み出さ

◀ポイント

①文が未習熟。

②クローンに対する理解が不十分。

③憶測で書き進められている。

れる当人よりも、それを取り巻く人々の側にこそあるのではないかと思う。偏見や差別化に対する懸念や、誰が何のために産むのか、という点で議論の余地はあると思うが、全てはやはり生み出す側の問題である。

この件でつくづく不審に思うのが、世論⑤調査によればクローンで一人の人間を作るのに対し、人体の一部を再生させることについてはずっと抵抗が少ない、というものである。問題は臓器のどこからどこまでを再生するか、である。心臓だけなら良いのか、さらに血管までなら良いのか、消化器系は丸ごと一式揃えるか、いっそのこと首から下は丸ごと再生しておくか……という具合にして生み出され

④視点としては固定的なものになってしまっている。

⑤クローンのように限定されたジャンルのほうが事例も明快になりやすい。

るそれは、一体何なのだろうか。それで脳まで再生したら、それこそ⑥倫理的にどう扱って良いのやら、途方に暮れてしまう。健全な一個体として生み出されるクローン人間に比べ、むしろ遥かに異質なものなのではないかと思えるのだが、世間では単に臓器移植の部品との認識が先行しているらしい。そこには目先の有益さに対する密かな期待が暗に現れているようにも思え、一層不気味さを覚える。

　結局のところ、クローン人間の善し悪し⑦はその存在そのものに対してではなく、それを扱う人々にこそ問われているのではないか。

⑥これを考え方の軸にすべき。

⑦終わりのくくり方としては曖昧さが残る。

思考に硬直化が見られる。一般論を語っているだけで、論点も不明瞭になっている。ただ、断片的知識をもとにして綴ったという段階。

7 「教育」というテーマは、歴史と国家という枠組みから検証すること

あなた自身の経験を生かして、どうするべきかを考える

◉——さまざまな問題が上げられる頻出テーマ

このテーマは正解が常に準備されていそうな感触があります。子どもは純真で、大人の愛によって育まれ、危険から守られ、健全に育つことが必要だというような解答です。

しかし、このように言える根拠はくずれてきています。少年の犯罪、親子による事件、家族の崩壊、狙われている少年少女、教師の犯罪、いじめ、自殺、教育の質の低下、学歴社会、偏差値信仰、ニート、ブランド学校、お受験、教育格差、教育の分権、大学の衰退……など、考えるべき問題は多いはずです。

教育は自己の体験や家族の体験によってそれぞれが意見を持つようになりました。それゆえ、最近ではこのテーマでの出題は増えています。あなたの教育体験やそれをどうとらえているかによって書きたいことは多いはずです。話題も身近だし、今の自分の境遇を何かに求めたいというものがあるからではないでしょうか。

教育に関しては、成功したと思っている人はあまり多くは語りません。

「テーマ:教育」はこう考える!①

テレビが与えた影響

テレビを超えるだけの刺激的で、より高次元な教育体系・言語体系は作られているのか。教育の原理は共通の言語を持たせること。テレビが家庭に入る頃までは、言語の新鮮さや知識は学校でしか得られなかったが、今ではテレビのほうが新鮮で刺激的で、学校という機能が相対的に低下している。教育効果が取って代わられたことを着目点として語るとよい。

教養

本物の教養とは何か。「100点を取れる人が優秀」という枠組みでしかとらえられていない「近代の教養」の考え方・制度に限界が見え、教育基本法の改革が進んでいるが、教育制度と中身の教育面という問題はまだ先。成果が現れるのに時間もかかる。これまでの教育は、国家にとって無難で忠実な近代教養人を作り上げてきたが、それを突き抜けた本当の教養人はどこにいるのか。そういう人たちは社会でどう機能していくのかという考えを展開させるとよい。

ゆとり教育

メディアで叩かれているが、そのまま鵜呑みにするのはよくない。**薄い教科書なら教養学力も薄くなるという論理は正しいのか。**民主国家を掲げる以上、自覚した個人の育成に貢献する公教育が前提になければ、真の教養にはならない。

教養は**あなた自身のテーマ**でもあるはず。
特権階級だけが教養を得ていた時代から、
教養の高さが特権を得ていく社会に変わったが、
「教養の質」を問うことをしているだろうかという点に
着目すると、高い評価が得られる。

心ならずもと思っている人は教育の責任をあれこれと問題にします。でも本当は、教育で変えられる部分などごく一部なのです。本来は自分の努力のはずなのに、どこかに責任を押し付けたうえでの自分像を語ってしまいがちです。

◉——自分の経験から考える

ここで考えてほしいのは**制度**です。明治以降の完全義務化した日本の教育について。それによって平均的な国民を創るという国の思想についてなどです。また、特に最近では国が行っている制度教育・義務教育の抜本的見直しをしていいのに、教師のあり方や義務教育の内容などを常に議論の中心にしてしまっていることなどです。

親や子どもは教師に何もかもねだり、押し付けています。子どもの自殺より教師の自殺のほうが多いのが現実です。学校も教育も集中治療室に入っていると私は思っていますが、同じように考えている人たちも少なくないはずです。

145、147ページのように、教育にはさまざまな問題がありますが、あなたには明確に骨格をつかんで対応論を持ってほしいと思います。もちろんあなた自身の今までの教育における経験も、一度検証していくことも必要です。

明確な答えは、学者が集まって考えても出るものではありません。むしろ、**あなたの経験からつかんだ骨格を、歴史や国家や社会という枠組みから書いていくことです。**

「テーマ:教育」はこう考える!②

昨今の教育問題

歴史的な背景も知っておいたほうがよいテーマ。

日本では近代国家の段階から、国民の質やあり方が国造りの基本となっているが、教育は一部の特権階級から全国民に施されるようになった。日本はそれが最も成功した国で、世界史で語られてもいいくらいである。宗教の勢力が強い国は宗教が、軍事の国は軍が教育を担ってきた。近代国家はそのときの思想のもとに脱皮を図ろうとするが、日本はそこでの抵抗のない国だったと言える。

いじめ、不登校、犯罪などの問題をすべて教育に責任を押し付けているやり方は、場当たり的で考えが浅い。


教育を考えるとき、国家や社会のあり方とは切り離せない。かといって、個人の問題や責任にするのは論理としての整合性はあるが、実際には人は同じではなく、個人の責任の質も量もそれぞれ違うので、簡単に答えは出ない。

学歴社会

学歴によって評価されるシステムは、逆に浅薄な人間を増やすだけだという考え方はわかるはず。無知で迎合的な人間が多くなれば、国も社会も軽くなっていく。受験至上主義は厳密に言えば崩壊しており、就職したけれど評価ほどではなかったという現実は誰もがわかっている。こうしたことはまた、教育の責任にする風潮がある。

添削問題

教育「いじめ」について

よく出題される課題

・「いじめ」について述べよ。
・「学歴格差」をどう見るか? あなたの意見を述べよ。
・勝ち組、負け組という枠組みについてのあなたの意見を述べよ。
・「忘れられない先生」について述べよ。
・あなたが今まで受けてきた教育による良い、悪いことを挙げ述べよ。

　先日、テレビである心理学者が「光と闇①の法則」という話をしていた。良い面を知り、憧れを持って良くなろうという場合、悪い面を知ることであれはいけないと思って良くなろうという場合、どちらも道筋は違えど同じ場所・結論に辿り着くということだそうだ。
　悪を叩いて正義の味方になるのは気持ちがいいかもしれないが、いつもそればかりをやっていると叩き癖がつく。②叩き癖のついた人間は、叩くものがいなくなると標的を探し出す。そして、無理やりでっち上げる。こうなると足の引っ張り合いだ。いいものを真っ当に評価することを忘れ、嫉妬や恨みといった邪念をもって引き摺り下ろそうとしてしまう。

◀ポイント

①書き出しに事例を持ってきている実にうまい書き方。

②正義の本質を語っており、書き手の感性を見て取れる。

③これでは本質的に叩くという行為の正当性が喪失する。これがまさに、いじめの構造だ。「悪い景観100選」というものを選んでる④馬鹿げた団体がある。ネット上でネオン街や雑居ビルなどの写真を公開して、「これが醜い景観です」と糾弾している。そうすることで悪を正し、世の中を美観で溢れさせたいのだそうだが、見ているとほとんどが叩くために無理やりターゲットを見つけて無理やり叩くという構造のもとに紹介されているものばかりだ。醜いと思うかどうかは個人の主観であるにもかかわらず、決めつけの表現が多く、非常に不愉快な気分になる。また、やむをえない事情があって景観を優先できない事情も

③いじめの構造を書き手の考えで明確に語っている。

④効果的な事例。

あるかもしれないのに、そこには言及していない。

　そもそもなぜ叩いていたのか、活動の目的を見失っている。そして、エスカレートしていく。そんなことをしてヘドを吐いていたって、誰のためにもならない。そんな自己満足は自分達だけでやっていればいいわけであって、そんなものを世間に公表するくらいなら、素晴らしい景観100選をやって展示する方がよっぽど有益であるように思う。

　今年から来年あたりは、誉めることを意識的にしてみてはどうか。

論理として巧妙であり、思考の深さや安定感がある。引用・事例はやや引っ張りすぎの感があるが、論旨は明確。

8 「環境」というテーマは、正解に導くまでのプロセスを書くこと

グローバルな視点はもちろん、人間社会・文明の質にまで発展させる

このテーマの基本は、人類が初めて地球規模でものごとを考えることができるようになったということにあります。このままでは地球に住めなくなる、死滅の危機があるという考えを共通認識として置くことです。その上に国際協調政策が作られています。つまり、環境については世界史的な段階になったことを示しているのです。

グローバリズムの観点で語るなら、経済よりも環境がふさわしいテーマでしょう。しかし、考えるべき問題もいくつかあります。例えば、先進国が行ってきた自然破壊を環境保護という名目で途上国の発展を抑えるという政策もあるでしょう。

環境をテーマに扱うとき、グローバルな視点で書くのは基本ですが、南米のアマゾン川周辺の村と日本の村を一緒にしてはダメなのです。日本人の自然との共生共存は、山村の暮らしの中に息づいています。

実はこうした視点から現在の環境問題が語られることはありません。どうしても欧米流の環境論に落ち着いてしまいます。ですから、このテーマではすでに正解は決まっている

「テーマ:環境」はこう考える!

人間のエゴ

人間は、人にとって悪性の生物は除去するのに、かわいいものは残して繁殖させようとする。実は環境問題の根底には、そうした愚かな考えが多いのも事実。

利己的環境論・利己的防衛論

日本では特にこうした過剰な意識がそこかしこに見られる。
例えば、私の田舎では「家庭の燃えるゴミなどを燃やすと、自然が破壊されるという論理」から焚き火が禁止となったが、畑や田んぼは自然破壊し続けて出来上がったもの。それが「自然」に戻りつつあるのに、「焚き火は禁止」というのはおかしい。そういった考えに気づくことが大切。

ものとして書かれます。誰も破壊を進めようという人はいないでしょう。

そう考えると、すでに正解があるテーマと言えます。正統派の論になるので、上の図にある私の故郷のような事例や素材を持ってきて展開していくほうがいいでしょう。そして、環境が持つ根本的な欠落やそこから見えてくる不都合性、人間社会や文明の質を問うような角度があるとさらによくなっていきます。「環境＝保護」などという安易な考え方は厳禁です。**必要なのは思索のプロセスと起点から、問題意識の精度・基準と、本質へのアプローチまでもが問われてきます。**

添削問題

環境　「環境にやさしい」というキャッチフレーズについて

● よく出題される課題

- 「いじめ」について述べよ。
- 半透明ゴミ袋についてのあなたの意見を述べよ。
- 地球を人類の博物館にしてよいものか意見せよ。
- 絶滅種について述べよ。
- 「環境にやさしい」というキャッチフレーズについてのあなたの意見を述べよ。
- 循環型社会について述べよ。

　現代日本は「やさしさ」が美徳とされる社会だ。子供の頃から「人にやさしくすること」が道徳として語られる。現代人は「やさしいこと」を生きていく上で一番大切であることのように教えられて育っていく。しかし私は、その絶対的な倫理の①ように語られる「やさしい」という言葉に時々胡散臭さを感じてしまうことがある。なぜなら、やさしいという②のは、他者に自分が何かしてあげる、自分が他者よりも優位な立場にあって、相手にちょうどよいように接してあげるというような条件が本質的に存在するように思われるからだ。しかも現代人の中には、共通に「やさしい」とされる③行為の型があって、それぞれの行為

◀ポイント

① 「～ように」と書くと曖昧さが残る。

② ほかにも考え方はたくさんある。ここは分析・要素抽出が必要。

③ 「行為の型」とする書き手の視点がうかがえる。

の実践者の心の中とは関係なく、ある型にはまっていれば、安易にそれを「やさしい」と評しているような風潮がある。そしてそれは、他者を本当に思いやることからは程遠い、④自己欺瞞的な行為につながってしまう可能性を持っているように思われる。

⑤私は「環境を守ろう」という言葉を聞くたびに、「果たして環境とは人間にとって守っていくべきものだろうか？」と疑問に思う。森林、山、河川などの自然環境を人間がその技術を発展させていく中で開発し、その姿を変えてしまったことは事実であるが、しかし今でも、人間は完全に自然環境をコントロールしているとは言えないし、自然環境は時に

---

④ほかにも要素はあるので「あるいは〜」というようにして要素を挙げるべき。

⑤ここではあえて「私は」と主語で語る必然性はない。

人間にとって脅威となりうる存在である。それを考えると、環境とは人間が「やさしく」⑥なんていう言葉を使うにはあまりにも大きな存在であり、環境に対して気軽に「やさしく」なんて言うことは、まさしく人間中心主義から発した自己満足的な思いやりであるような気がしてならない。人間の活動のためには他の生態系や自然環境への影響を省みない人間中心主義に起因するのなら、「環境にやさし⑦く」という表現は人間が環境問題から自分たちの問題点について全く何も学んでいなかったことを意味するのではないだろうか。

⑥文章として緊張感がなくなってしまい安易な感じがする。

⑦論旨としては整合性が乏しい。

論じきれていない感がある。文章の構築力も弱い。力量がないのに高みにのぼる性質が垣間見られる。

9 「文化」というテーマは、日常の場面や現象やふとした事柄に着目すること

書きやすいテーマであるが、認識レベルが見えやすい

このテーマの出題は意外と多いのです。**書きやすいテーマではあるのですが、あなたの自己認識や認識レベルが見えやすい**ということでもあります。

書きやすいと言っても、ただ漫然と述べていると文章も題材も締りのないものになりがちです。食の問題や家族・家庭の実情、豊かさ、隣近所、住宅、生活物資、衣服、携帯、パソコンと課題は何でもいいのですから、それこそ問題も山ほど作れます。

ものや現象に限らず、「駅から自宅までをたどりつつ思うところを述べよ」とか、「花粉症について思うところを述べよ」という課題もありました。読む側からするととても面白いですし、理由もそれこそ千差万別です。正解もありません。

書く側もありのままの等身大で書くので、人事担当者や試験官の洞察力が求められます。つまり、このテーマが出されたときは、読み手のレベルが高いと思ってください。

文化に関しては**「生活語彙《ごい》」**が大半を占めるようになりがちです。つまり、勉強しなくても身につけられる語彙・教養です。一方、学んで手にするものを**「上級語彙」**と言いま

「文化」というテーマは、実はレベルが高い

ポイント

★書きやすいテーマなだけに、自己認識や認識レベルが見えやすい

★「上級語彙」を使って、文章に締まりをつける

★日常のさまざまな場面や現象に着目しておく

★今あるものや、ある現象を探求していくプロセスを書く

す。「生活語彙」だけで書くと、ダラダラした文になりがちです。やはり生活面をすっと上から眺める視点や一つの論理や観点から展開していく、深い部分からサーチライトを当てるなどの姿勢がほしいところです。それには確実に「上級語彙」が必要です。

文化というテーマは本音が出やすいテーマです。日頃の生活スタイルに人の心の内が表れるからです。ですから、日常のさまざまな場面や現象、ふとしたことに着目すれば、そこに表れる人たちや現代が垣間見られるということになります。ここを掘り下げていくのです。今あるものや現象を探求していくプロセスを書くことが必要です。小さな断面・断片が実は示唆的であるような作り方をすれば、面白い作文・小論文になります。

添削問題

文化　無人島に何か一つだけ物を持っていけるとしたら何を持っていくか?

●よく出題される課題

・「酒」「芝居」「演劇」の中から一つ選び、述べよ。
・「思い出の一冊」の本を挙げて述べよ。
・最近、何か一番気になることを挙げて述べよ。
・あなたならば、「打出の小づち」をどう使うか?
・「食い道楽」について述べよ。

家の中を改めて見回すと、ため息が出る①。たしかに、これがないと不便、でも、なくても本当は生きていける、そういった物が溢れている。旅先で安いコテージなど借りて、ほとんど家具すらないところで2〜3日過ごし、家に戻ると、子どもたちも「うちって物が多いね…」と改めて驚いている。

ドイツ人は綺麗好き、掃除好きといわれる。友人のドイツ人の家はいつ行っても隅々まで掃除が行き届いていて、何より本当に物が少ない。彼女たちドイツ人が重んじる価値観②にオルドヌンクという言葉があるという。日本語ではぴったり該当する言葉はないが、しいていえば「秩序だっている」「整っている」

◀ポイント

①書き出しとしては、ありがちな書き方。

②選び出した素材に書き手の教養が感じられる。

といったところか。必要最低限の物が、すぐに使える状態であるべき場所にある。いつか使うかもしれない物や好みに合わないいただき物はそもそも自分の空間に入れない、という審美眼が徹底していてこそ可能な生活だ。さらに彼女の理想は、リュックサック1個で自分で運べる物だけで暮らすことだという。

今の私たちの生活では、よほど強く意識し続けていないと、物たちが暴力的に侵入してくる。商業主義は生活の隅々まで入り込み、物を買ったりいただいたりする機会は手軽に提供されているが、物を手放すとなるとよほど大きな手間がかかる。もはや時空間を支配するのは住み手ではなく、いったん家に入れたら排除するまで居座る「物」たちだ。

　今「無人島に何か1つ持っていくとしたら」という③古典的な問いに答えるとき、人は悲惨な海難や焼け付くような孤独よりも、むしろなにかうきうきした非日常を想像してはいまいか。④読みたいのに読めずにいる長巻の書、聴きたいCDの山などに思いを巡らせ、しばし空想に身を遊ばせる。そのとき、自分が真に必要としているもの、求めているものはいったい何なのか、ぼんやりと考える。

　身ひとつで生まれ、身ひとつで死んでいく人間を、物が支配している。

③書き手は意図的に古典という言葉を用いている。

④書き手の文化人的発想がある。

出題意図を読みきったうえで、自分の見解を置いていくという巧妙さと自意識の強さがある。現在の自分の視点、問題意識を軸とした書き手の教養を感じさせる。

10 「健康」というテーマは、世の中の風潮を切り口に展開すること

話題を発展させやすいテーマ。視点を変えていくとよい

健康であればいいのかという問題もその延長にあるでしょう。長寿国、延命治療と日本人は健康ファシズムに浸っているのが現状です。ダイエット、病気、医者への過剰な信頼など、長生きをしたいというが何を考えているのかという考え方は安易です。生き延びるということは価値のあることかもしれません。しかし、ただ生きるというものをどう考えるか。これは死に方にも通じていく問題です。

私がよく使う例ですが、「浦島太郎はなぜ竜宮城から帰ったか」という話をします。竜宮城では展望が見えず、何をしていいかわからない浦島太郎は、過去の思い出の場面に帰還しようとしていると考えたらどうでしょうか、と。貧乏人の浦島太郎は、竜宮城での暮らしは豊かすぎて持て余してしまうのです。だから乙姫様の反対を押し切って帰ってしまいます。しかし、帰ってもそこには何もないのです。

これは日本の現在を彷彿《ほうふつ》とさせます。日本も帰るところなどないのです。行くところまで行ってあるとき現状を変えるか、それとも適応していくかしかありません。

「テーマ:健康」はこう考える!

年金暮らし

平和にあくせくせずに長く生きる。そういうことが目的となっている国は果たして健康なのか。そんな問題も考えてみるのもよい。また、**健康にいいことをしていれば健康になるか。健康は維持するものなのか作り上げるものなのか。**皆が健康食品や健康器具に群がる心理も読み取り展開していく。

「標準」の文化

個人とか個性と言うわりには、個性としての必要な食べ物などは考えられていない。むしろ、標準・平均であることがよしとされている。野菜を食べなくても長生きしている人もいるし、歯磨きをしないでも虫歯がまったくない人もいる。こんな観点から書いてみるのも面白い。

豊かさ

貧しいが心は豊か、生活は豊かだが心や人間関係は貧しいなどと言われるが、厳密には思い込みであったりする。そこを見出して確認していく作業があってもいい。何が豊かなのか、なぜそれを豊かと思うのか。では貧しさとは何を言うのか。この辺りをつかんでおくことも必要。

視点を国の健康に変えて、豊かさを語ったり、貧しさを語ったりするのも人事担当者や試験官の目に留まります。視点を変えていくのは、こんなテーマのときに役に立ちます。

添削問題

健康「安楽死・尊厳死」について

よく出題される課題

・あなたがたらふく食べてみたいものは何か?
・「安楽死・尊厳死」について述べよ。
・「延命治療」についてのあなたの意見を述べよ。
・健康と標準についてのあなたの意見を述べよ。
・あなたの病気の経験について述べよ。

①人は自分が生まれることを決められない。場所、時代、環境、親、それを選べたらと思わない人はいないだろう。しかし、死はその是非はともかく選択することが可能だ。数日前に日本の自殺者は先進国では一位だと報じられていたし、堕胎も多い。死刑はあるし、特攻隊や切腹などは世界的にも知られていることだ。そこには死の美学さえ垣間見られたりもする。

　先日、知り合いの老人が亡くなった。末②期の肺がんが脳まで転移していて、少し痴呆が始まっていた。自宅でなんとか生活はできたが、治療法はなく、酸素ボンベが必要だった。常にマラソンをしているような苦しさがあっ

◀ポイント

①書き出しとしてはうまく導入として機能している。

②選び出した事例としてはわかりやすく説得力もある。

たようだ。元来、生きることや治療に前向きな人だったが、すでに出来ることは尽きていた。

ある日、「もう疲れた。もういい。孫たちと会いたい。」と言い、皆で食事をし、語り、孫たちに別れを告げて昏睡に陥り、翌々日に旅立った。これは偶然の病死のケースであるが、もしこれに少しでも医療が介在すれば、安楽死、尊厳死ということになるのだろう。

安楽死、尊厳死を対象にする人は、もう治療法がなく、余命も僅かしかなく、その最期にも苦痛が伴うような人々である。自力で死ぬ力もない場合も多いだろう。その人々を本人の意思に反して延命し苦痛を与えることは果たして命を大切にすることなのだろうか。
③しかし、医療従事者が自らの手で死を与えることを潔しとしない心情もまた倫理を超えた感情として理解することはできる。
　もし、医療器具や薬物の助けを得て、医療従事者が席を外した場所で、本人や親族が尊厳死を行うことが選択できれば、宗教者がそこに立ち会うことができれば、日本の社会も安楽死、尊厳死をもっと肯定的に考えるようになるのではないかと思う。

③分析としては不十分。むしろ書き口を変えたほうがよい。

アプローチとしては正攻法だが、何に起因して述べているのか、という原点を明確にすることが必要。安楽死に対する過去の例や反する例も用いる必要がある。

11 「性」というテーマは、両者の現実を踏まえて書くこと

「こうあるべきだ」ではなく「今どうなのだ」を見抜く

男女共同参画と言われてからだいぶ時がたちました。これは結構なことです。しかし、本当に同一線上に男女が位置しているかというと、まだまだ疑問の余地があります。

特に女性についてのテーマでは、日本の女性たちは気がついたら権利を与えられていたという視点を軽視してはいけません。そして、**「こうあるべきだ」と言うのではなく、「今どうなのだ」を見抜いていかなくては軸がぶれてしまいます。**少子化、離婚の増加、晩婚、私生児など、女性たちに負荷はのしかかります。仕事をしている人と専業主婦の溝も開きつつあります。だからこそ個人の勝手なテーマとしてとらえるしかありません。

特に女性にこのテーマが出されたとき、女性の置かれている現状だけではなく男性の現状も踏まえて述べる必要があります。たとえば、女性専用車両の是非について。冷房の利きすぎている車両や痴漢の問題を書くだけでは女性の視点でしかありません。男たちが中性化して頼りなくなっている現実や、そう育てられている実際の家庭などのことも踏まえて書いていくといいのです。これらを事例や体験を通して見る目が求められます。

「性」というテーマは、現状を正しく認識する力が問われる

ポイント

- ★「こうあるべき」ではなく「今どうなのか」を見抜く
- ★女性、男性、どちらの現状も踏まえる
- ★現状を認識しつつも、「これでいいのか」と問いを持つ

形や理念だけを先行して整えようという傾向が、国にも社会にもあります。それをそのまま受けていくだけでは「あなたも同じですか」という水準の論点にしかなりません。

そうした傾向を踏まえて、現状を認識する力とそれをよりどころとした論理を展開していくことです。新聞や文化人の言葉を引用しながら検証していくのもいいでしょう。そこから現代の持つおかしさ、行き過ぎなどに鋭く踏み込むと面白い論文になります。

性差・個人差・権利、さらには歴史的経緯や家族形態も含めて、「性」というテーマは人間の普遍的なテーマです。男女問題だけ取り出して展開していくことはナンセンスでしょう。**前線では何が起きているか、あなたのアンテナでとらえていくことです。**

添削問題

性「女性の社会進出」について

よく出題される課題

・「愚妻」ということについてのあなたの意見を述べよ。
・「女性のたしなみ」とは何だと思うか？
・「女性の社会進出」について述べよ。
・「あなたの結婚観」について述べよ。
・「晩婚化」についてのあなたの意見を述べよ。

　大人も子供も、男性も女性も、社会の構成員でない人はいない。生まれた瞬間すでに社会に組み込まれているにもかかわらず、あえて女性に社会「進出」を促す、①その声の主は、一つには社会の指導層に女性があまりに少ないことを問題視する。男性主導で築かれてきた世界が、他者征服を志向するオスの原理ゆえに危機に陥ったという認識がある。多く②の女性たちが真に深い教養と専門的知識を備え、豊かな経験と帝王学を身につけ、しかも幾世代にもつながる生命の連鎖を体感する産む性の視点を失わず社会の指導にあたれば、確かに新たな世の中を築けるかもしれない。

　本当に女性に期待するなら、メルケルやラ

◀ポイント

①うまく展開するための言葉として効果的。

②テーマに対して用意周到な論理がある。書き手の思考のプロセスが感じられる。

イスのような女性指導者を生んだ背後にある女性指導層予備軍を大幅に拡充し、厚みを増していくことが必要になる。彼女たちが家事育児に向き合う時間はどうしても限られるだろう。

これまで男性の領域とされてきた職業に女性が就く機会が増えるならば、その逆ももっとあってよい。③そもそも男性と女性の境目というのは、かなり曖昧だ。誰の中にも「男性」性と「女性」性が同居している。その度合いは人によって実に様々であり、体格や顔つきとも必ずしも一致しない。もちろん、内面の異性性を意識したことがない、あるいはうすうす気づいていても認めたくない、はなから

③書き手の視点が展開されている。

否定して蓋をしている、といった人も多い。

女性は産む性である。これは少なくともかなり将来になっても動かしがたいであろうテーゼだ。しかし、④産むことと育てることはそのまま直結するわけではない。日本では、出産子育て世代とされる三十代前後の女性の離職率が高い。女性たちの就労状況がこのような「M字カーブ」を描くのは日本と韓国だけだという。自らの女性性に目を向けることのできる柔軟で賢い男性は、M字の谷を埋めるべく彼女たちを支える側に回る選択肢もある、と気づきはじめている。

④ここでも書き手の視点が展開されている。

思考の展開や展開していく回路が充実している。テーマに対して高い次元の認識が感じられる。

12 「学習」というテーマは、何を学んだかではなくあなたがどうなったかを書くこと

「まだまだ学習途中である」という謙虚な姿勢が重要

常に求め続ける自分を示す

人は学習する生き物です。学習とは模倣と反復が基本にあります。言葉を学び、一定の論理を学び、それをなぞることで成長を遂げていくと言っていいでしょう。

生活もそうですし、日常のスケジュールも基本的に同じです。学び、知り、理解し、理解度を評価され、そのうえで自己としての思索を構築していく作業です。

継続性も学習によって培われます。古典などの書物は字を覚えれば読めますし、個人の趣味も作られます。今日のあなたを形成していく土台が学習なのです。

一つの問題を追求していけば、必然的にほかのジャンルに広がっていきます。歴史という縦糸とほかのジャンルという横糸が重なりあっていく感じです。専門を細分化して探求していくことはさらなる細分化を作って、最後には全体をとらえるところに行き着きます。そうした意味では、今は統合の時期にきているのかもしれません。

学生の就職試験の作文・小論文では、何かを学んだということをよく書きます。その真

面目さは評価されるでしょう。しかし、厳しくいえば小学校から十六年、大学院を入れても十八年か二十年くらいで何が学べるというのでしょうか。

一つの専門分野を極めるのには最低四十年、五十年は必要です。ですから、**「私はこれだけ学びました」ということを振りかざしてはいけません。「私はまだまだです」というスタンスは、作文・小論文では古典的なフレーズですが、やはり謙虚になるべきです。**

特に資格試験では、専門としての知識を得たというわけではありません。何を学んだのかと聞かれれば、学科を答える人は大勢います。しかし何を専門に学習してきたのかという問いは、このテーマでは成立しません。

私は学習は「問い・答え」によって作られていると教えています。家庭の会話も友人との会話もそうなりつつあるのです。しかし、「答えたくない」「答えずに微笑んでいる」ということが普通になっています。

そんなことを考えてみてもいいでしょう。そんなときあなたは答えずにすましてきたのでしょうか。そう考えていくと、あなたの今までの学習とは何であったかが鮮明になっていくはずです。

青臭くても書生論でもかまいません。生意気さもあっていいでしょう。ただし底の浅い自己PRだけはいただけません。**作文・小論文には常に求め続けていく自分を示していく**

ことです。学んだことをどう社会で活かすかという書き方は、陳腐《ちんぷ》なものになります。学び得たことの少なさと現実社会とのギャップに苦悩しているほうがまだましです。あるいは学んでいく自分ということだけを示していくのもいいでしょう。

真面目人間はどこでも好まれます。しかし、同じ種が集まっても組織は機能していきません。組織にはいろんな質の人間が求められますから、真面目一辺倒な作文・小論文は人事担当者や試験官の目には強烈には映らないでしょう。

◉──抽象的なテーマは、具体的に書く

忘れてはいけないこともあります。それは**「だから何なのか」**ということを意識することです。特に学習をテーマに述べるときには、その決め手が何であるかが重要になってきます。

例えば、「学ぶとは何か」というストレートなテーマが出されることもあります。「知ること」「理解」という題で出されたりすることもあります。こうした抽象的なテーマは具体的に書くことです。つまり体験事例がいいでしょう。

しかし、企業は学校の講義をあまり評価していませんし、あなたの個性を百パーセント活かせるとも思っていません。これはちょっと問題発言ですが、企業の本音として知っておくべきです。ですから、「だから何なのか」を意識しておいたほうがいいのです。

「テーマ:学習」はこう考える!

学生時代に何を学んだか

人事担当者や試験官はろくに学んでいないということを知っていてあえて出している「意地の悪い出題」。つまり、「かじっただけ」という認識が重要。**そこで何を見出し、何を知り、何を次のテーマにしているかという姿勢や自己分析をどのように浮き彫りにしていくかということが大切。**

人から学ぶ

そこで出会った人について述べていくという書き方もある。

失敗から学ぶ

勝った人は方程式をなかなかくずせないが、負けた人ほど自由を手にできる。この書き方であれば、企業は失敗してきた人にも着目する。

添削問題

学習　あなたは「失敗」から何を学びましたか？

◉——よく出題される課題

・「脳トレ」について述べよ。
・あなたは「失敗」から何を学んだか？
・「自分の強み、弱み」はどんなところか挙げて述べよ。
・「スキルアップ」とは何だと思うか？　あなたの意見を述べよ。

「間違っている」と言い切る人は、絶対的に①「正しい」というものに即してそう言っているのだろうか。そもそもそれは本当に「正しい」のか。そういった類の人間に対し、慎重にならざるを得ない。また、話を聞いていて直感的に「おかしい」と思うこともあるし、②「なるほど」と共感できる場合もある。その好みとも言えるものの境界が、何に由来しているかを考えてみると、より多角的な見方③ができているか否か、によるところが大きいように思われる。そして、その多角的判断の境地というのは、すべてはそれなりに「正しく」それなりに「間違っている」ということのような気がしている。その上で、「こうだと思

◀ポイント

① 安易な言葉遣いが多い書き出し。

② 問題意識として独善的に打ち出している。

③ テーマに対する理解が未消化のまま正解を導こうとしている。無理に独自な部分を強調している。

う」というニュアンスに、どうも好感を覚えるらしい。

　しかし、真に多角的な見方というのはキリがなく、これもまた絶対的な「正しさ」に近い、眉唾的な性質がある。ただ、それを獲得する上での重要な道筋として着目している手法がある。それが自己否定、あるいは自己批判である。要は簡単で、自分がこうと思うものはまず疑い、違うと思うものは極力フォローを試みるということである。これは自分自身に対しても積極的に試みているつもりである。またそうしたプロセスが含まれ得るか否かで、その意見に対する印象の善し悪しを判断しているところがある。

自分も常々色々と思うところもあり、自信を持ってはっきり言い切ることは多々ある。しかしその一方で、後になって非常に懐疑的に見つめ直す事は欠かさないようにしている。そして、「図に乗る」ということを一番恐れている。自分が何かしらの非をはらんでいるというのを前提とし、それを見過ごすことを特に警戒している。「正しい」ことを言っているつもりが、後になって気づくと全く「間違ってた」なんて事は、自分自身についてもざらにあることだからだ。

④論理に一貫性が失われている。

既定の表現に依存しすぎてしまっている。事例・素材・引用や体験から意識するものもない。

第6章

「構成」「書き出し」「終わり」で、読みやすく印象に残る文章にする

1 文の構成は展開させる要素によって決めていく

「段落」は、作文・小論文の大事な要素

◉——段落は、論の構成・構築によって決定される

段落とは、作文・小論文を書くうえでかなり大切な要素です。最近では、改行をしないでどんどん書いていく、「ベタ書き」が増えています。おそらく子どもの頃から教えられている「何百字以内で書きなさい」という問題などの影響なのかもしれません。

作文・小論文では、ただマス目を埋めようとすること自体には意味がありませんが、逆にどんどん改行していくのもいいとは言えません。

段落は改行と考えてください。つまり、一つの目的を持った文のまとまりを一段落として考えるのです。文字の制限も六百字から千字程度の問題が多いですから、あまり改行が多いと、読みやすさだけを意識した小説やエッセイのようになってしまいます。

「必要以上に改行はしなくていいが、段落は絶対に必要だ」と覚えてください。

例えば、「起承転結」ならば、段落は最低四つ必要だと言います。「序破急」で書きなさいというときは、段落が三つ必要だと言われています。しかし、ここまでこの本を読んで

きたあなたなら、段落が三つか四つかは意味のない形式だとわかっているでしょう。

そうです。**段落は、論の構成・構築によって決定されていくのです。**三つや四つにしなさいという決まりはありません。構成・構築には左の図のような五つの要素があります。

論の構成・構築の5つの要素

前提認識

状況・問題・現象をまとめる。

一般論や既定論をひとまとめにしてもよい

問題意識

「問題点の抽出・提示」。

疑問・問題を提示してまとめる

現状分析

取り上げた問題に含まれている現状を分析・吟味してまとめる。

ここが充実していることが重要。

「もしも」という仮定、多角的視点や観点からとらえるとよい

方法・対策・どうすれば

ここが実質の見解。

大きくても小さくてもいいので、あなたの指針、つまり、根拠・論拠が不可欠

検証・実証

あなたが述べるその見解にならざるを得ないことを実証していくので、小論文では特にここが重要。

また、検証・実証を前提認識へ持ち込んでしまう書き方もある。

傍証や一般に認められていることをベースにすることなども必要

これらは段落の要素になり得るものとして踏まえておくといいでしょう。構成をどう組み立てていくかという順番やどこをふくらませて書いていくかは、テーマや書きやすさによって考慮していくことです。

とにかく、段落には決まりはありません。それぞれの要素ごとに必要なのですから、その分の段落を作ればいいのです。

◉――各段落には、一体何を書く？

段落ごとに何をまとめていけばいいかわからないという人もたくさんいます。そんなときは宮川式「な・た・も・だの法則」を使って展開させていくと書きやすくなります。

この法則は第1章でも解説しましたが、いつも子どもたちに教えているまとめ方です。もちろん大人も、この同じ書き方を用いています。

「な・た・も・だの法則」は作文・小論文を書くうえでの一つの展開要素だと考えてください。先ほども話した「起承転結」や「序破急」「序論・本論・結論」といった従来の書き方も、こうした展開要素になります。

とにかく、あなたが比較的書きやすい方法を用いてください。私は形式や構成の順序についてはどうでもいいと思っています。**「起承転結」のような形式にこだわるよりも、各要素を大切にしてください**。そこを段落としてまとめていくことです。

「形式」よりも「要素」が大切

「起承転結」などの形式にこだわるよりも、
各要素を大切にし、段落としてまとめていく

2 書く前に必ず構想を立てる時間を取る

文章から、「構想」の時間を取っていないことは見抜かれる

◉——まずは、テーマについての展開を大枠で描く

どう書き進めていいかわからない、次に何を書いていいかわからないと苦しむ人がいますが、先に解説した「**前提認識、問題意識、現状分析、方法・対策・どうすれば、検証・実証**」と「**な・た・も・だの法則**」があれば、書くのにそれほど苦労しないはずです。

ほかにも山ほど展開方法はありますが、この二つを土台として工夫していくことで、基本をくずさず、あなた自身のオリジナルの作文・小論文を書くことができます。

とにかく実際に書いてみて実践することです。そのうちにあなたが書き進めやすいパターンが見つかるはずです。

例えば、原稿用紙や論文の用紙を目の前にしたら、まずは想像して与えられたテーマについての展開を大枠で描くことです。大きな段落を作り、書き出しを考えたり段落ごとに主に何を書くかを想定してみたりするのです。

これが実際に紙に向かったときの作業です。いわゆる「**構想を立てる**」ということです。

書き出す前に「構想を立てる」時間を必ず取る

「冒頭は
こう入り…」
「○○を
書いて…」
「次のこの数行で
○○を…」
「次には○○の
事例を用いて…」
「○○の引用を
入れて……」

試験が始まるとすぐ書き始める人がよくいますが、そういう人に限って途中で苦しい展開になり、戸惑って書き直したくなります。

私はこれまで何十万枚の作文・小論文を見ていますので、すぐ書き始めて途中で迷ったなという雰囲気がすぐにわかります。

書き上げるのが速ければいいというものではありません。遅筆というのは何かその人特有のクセであるように思われていますが、私はそうは思いません。確かに書くことを日常としている人たちは速いので、思考の回転と書く速さは関連しているようですが、あなたは専門家ではないので書く前に構想を立てる時間を取ってほしいと思います。

◉──優秀な作文・小論文は、解答用紙もきれい

書く速さに個人差はあるとしても、作文・小論文の世界は制限時間内で書けばいいわけです。遅筆な人は焦ってしまうでしょうけれども、制限時間いっぱい使ってください。

それには**試験が始まったら時間配分をすることです**。**書き出す前の三分から五分を「用紙前構想」の時間にしてじっくりと集中して考えます。書きながら考えるのは無理です。**

何をどう書くかについては、この「用紙前構想」で段落も決めていきます。慣れてくると題を見た瞬間に展開が浮かぶようになります。もちろん、これまでに説明してきた「考える力」をつけていればなおさらです。

そして、書き始めたら一気に進んでいくことです。**一気に書いていくことの利点は、緊張感、文の調子、一貫性、推進力、展開が保たれることです。**

よく文字を消したあとがある解答用紙がありますが、だいたい出来が悪いことのほうが多いのです。優秀な作文・小論文は、解答用紙もきれいなものが多いからです。これは私がいつも見ていて不思議に思っていることです。

一気に書き上げると一定のトーンで書き進められるので、人事担当者や試験官も読みやすいのです。そうした作文・小論文には集中力も感じられます。迷いを断ち切って進んでいく爽快感もあります。

文章を書いていく作業や一気に書き進めていくのは案外勇気がいるものです。書きなが

らウジウジと迷って、書き直しては消す汚い原稿は、ある意味一つの評価につながることを知っておいたほうがいいでしょう。つまり「書き始めたら迷うな」「一気に完結させる」ことを意識してください。考えたことをそこで完結させないと完成はあり得ません。

時間配分はどうするか?

時間配分を決める

↓

用紙前構想

3～5分を構想の時間にあてる。P186の方法に従って、段落など決めていく

↓

一気に書く!

一気に書くと、緊張感、文の調子、一貫性、推進力、展開が保たれるので、読みやすい文章に仕上がる

ポイント

★「書き始めたら迷うな」
★「一気に完結させる」

3 合否も決めてしまう、最も重要な「書き出し」

「読みたい」と思わせるための、インパクトが必要

●――**書き出しは、読む人の目を引きつける「つかみ」である**

作文・小論文では、書き出しも重要な要素になってきます。**書き出し・冒頭は大切です。あなたも特に神経を集中してください。**書き出しは一般の原稿でも**「つかみ」**と言われ、読む人の目を引きつける自己PR力が求められるからです。**一番ダメなのは与えられた題そのものを書き出しに使うこと**です。例えば、「家族」という題に「家族とは……」と書き始めること。これだけで回答的な文章と見なされます。

書き出しを見れば、およそ全体が見えるものです。私は「冒頭読解」と呼んでいますが、夏目漱石や川端康成などの優れた作家の作品は冒頭に神経が注がれています。冒頭の数行にすべて集約されていると言ってもいいでしょう。

あなたも書き出しはじっくり考えてください。しかし、テーマが与えられて、いざ書こうとするとき、書き出しをどうするかを考えている時間はありません。それには、日頃からどんな書き出しがあるのかを知っておくことです。

以下に、書き出しのヒントを挙げておきます。もしあなたが練習をするならば、同じテーマについて、いろいろな書き出しで書いてみてください。

読まれる「書き出し」のヒント

・題とかけ離れたところから始める

・ズバリ核心を語る

・疑問から入る

・要因の分析をしてしまう

・セリフや会話、引用から事例的に入る

・「おそらく……」から入る

・場面小道具から入る

・体験から入る

いかに人事担当者や試験官に
「読みたい!」と思わせるかが重要!
常にインパクトを与えるものを
考えておく

◉──「書き出し」でやってはいけないこと

ここで書き出しについて一つ注意があります。それは**「私は……」「僕は……」から書き始めないこと**です。

書き出しは「つかみ」だと説明しましたが、**常にインパクトを与えるものを考えておくことです。**

あなたがインパクトを与えようと考えているのだという一端を見せるだけでも、人事担当者や試験官は次に進もうとします。現場の話から正直に申しましょう。実は**冒頭だけで合否さえ決まってしまうことも少なくないのです。**書き出しはそれだけ重要なのだと肝に銘じておいてください。

ほかの人と違う書き出しにすることによって、人事担当者や試験官の目に留まるだけでなく、合否も左右するのです。そこで、ちょっと違った書き出しで評価されるものを左のページに挙げておきます。

また、山場を比較的前に持ってくることも効果的です。ふつうの書き出しにして最後に盛り上げようとすると、あまり成功しない作文・小論文になります。特に実務性の強い小論文ほど、それが顕著に現れます。

評価される「書き出し」例

包括現象

1つの手段として有効。ここではいろいろな要素が
盛り込まれている事象を掲げること。
一般的に知られていることを提示しつつも、
そこで一般論を突き抜けていく論旨が展開できる

データ・特殊なケース

冒頭手段として用いると、人事担当者や試験官の目に留まる

「もしも」

書きやすいうえに案外使える。1つの仮定を提示したり、
視点などを提示していくことになれば、その面白さで引っ張って
いくことができる。仮説としても有効

状況から

一般的なものでも安定感を示せる

卑近なものから

身近なものから始めてその輪を広げていくと書きやすい

事例

「こんなことがあった」というのは引きつけやすい。
効果的な事例素材を掲げる

**ほかの人とちょっと違う「書き出し」に、
人事担当者や試験官は
「先も読みたい」という気持ちになる**

4 段落と段落の展開はあらかじめ示しておく

段落の要点がわかるよう、核となる言葉や一文を配置する

文の構成ができたところで、次に展開をしていくうえでの段落ごとの書き方について考えます。特に、一本調子の文章を変えるには「ところで」とか、「本来」「そもそも」という言葉を段落の初めに持ってくるのがいいでしょう。

まとめようとせずに展開していく、書き広げていくということを念頭に置くことです。まとめようとすると、文は短く決まった言葉でくくられて平凡になってしまいます。

段落の始まりには、「こう展開をします」という言葉をあらかじめ添えて、読む側の視点を変えさせることです。さらに、**各段落で核となる言葉、フレーズ、一文を配置していくことも必要です。**つまり段落の要点がわかるようにしておくこと。これが段落の骨子になります。この部分は特に意識してほしいところです。

素材や要素を盛り込みすぎるのもいけません。**書くことは一方では削ぎ落としていく作業です。**だから、一本の線を明確にしていけばいいという見切りや削ぎ落としが必要です。心配になってあれもこれも入れれば、知識があって賢く見られるだろうと思うのは逆効

果です。人事担当者や試験官は、あなたの知識の量を見るのではありません。あくまでもあなたがテーマについてどれだけ消化できているかを見るのです。

要点となる1文を浮き上がらせる

各段落に1文ずつが骨子として配置され、
ほかの文はその補完的なものになる

**人事担当者や試験官が
熟読しなくてはわからない文や
要点のまとめ方は、
とりわけ試験ではしない**

5 「終わり」をどう締めくくるかで印象はガラリと変わる

「終わり」を書く前に必ず冒頭から読み返す

書き出し同様、終わりもまた重要です。

ここにも神経を使ってほしいと思います。明快に書き進んだから明快に終わらせるということでもないのです。

せっかく冒頭で目を引く文章にしても、終わりがつまらなければ元も子もありません。人の記憶は終わり部分に残ります。ですから、**書き出しは読む側の目を引くため、終わりは読む側に印象づけるためのものだと思ってください**。

そこで、どんな終わり方がいいのか悪いのかの例を示しておきます。構想を立てるときに、「このテーマではどんな終わり方がいいのか」「この展開でいけばどんな終わり方になるのか」を考えながら、一気にフィニッシュまで持っていってください。

実際の試験では、どんな終わり方にするかは構想の段階で決まってきますが、書き口をどうするかは、終わりの文を書く前に必ず冒頭から読み返して決めます。

「完結・反復」「上げる・下げる」「平行にする・戻す」「一気に飛ぶ」「練り上げる」「反

「終わり」で読む側に印象づける

◎
- 新たな疑問や問題を提示していく
- ゆとりと余韻を残す

×
- 疑問符で終える
- 「確信する」とか「信じている」という
- 無理な結論づけ、我田引水
（自分の意見や主張に無理に引きつけること）
- 終わりに「私は」などの主語を持ってくる
- 「〜から」「〜て」という昔の少女小説的な終わり方
- 文芸調にしたり、凝った終わり方

△
- 2、3行か1行で終える（これは展開による）
- 「したがって」「このように」「よって」「だから」という言葉は形式的。
しかし、あえて使ったほうが効果的な場合もある

論を添える」「より明快にする」「ぼかす」「断ち切る」……など、終わる前までの文章を読み返すと、どんな終わり方がふさわしいかが見えてきます。

終わり方にはさまざまあります。

六百字から千字程度の作文・小論文が完成という型ではありません。言い切らないほうが思索的に優れているテーマだってあります。

これまでも何回も言っていますが、**「型にはめるのではなく、要素・条件・土台がしっかりしている」**こと。そうすれば、オリジナルな作文・小論文は人事担当者や試験官に歓迎されるはずです。

それはつまり、「合格」という結果を導くのです。

おわりに

合格する作文・小論文を書くために、あなたには「最強の論理構築」をしてほしいと願っています。つまり、書き方などにあまりこだわらず、マス目にとらわれず、より高い次元の「論理武装」「思考武装」をしてほしいと思います。

私は年間で十六万通以上の作文・小論文を分析していますが、正直に言って、九割以上、面白いというものはありません。ですから、活性化された個人が用紙の上で躍っているようなものを読みたいといつも渇望しているのです。

活性化された個人が生まれない限り、企業活動も社会建設もできるわけがありません。企業も「ありきたり」「おざなり」というのはもうたくさんだと思うのです。しかし、世の中にはこれだけを押しつける定型人、定型評価がまだくすぶっています。

作文・小論文はそうした「ありきたり」「おざなり」を打開する意味もあるのです。だからこそ、企業も現場もそれを本当に求めているのです。私は多くの企業や官公庁の人事担当者に、作文・小論文をひと目見るだけで「できる人材」がわかるということを言っているのですが、よく伝わっていない状況も確かにあります。そんな困った状況だからこそ、ちょっと真剣になって本書の執筆に向かったのです。

最後になりますが、ちょうど昇進論文の試験の分析時期と重なり、繁忙な日々の中で協力してくれた我が教え子たちに感謝したい。

宮川俊彦

〈著者プロフィール〉

宮川俊彦（みやがわ・としひこ）

作家・評論家・表現教育者、国語作文教育研究所所長。文章表現教育の第一人者として35年におよび青少年の作文・表現教育活動を実践する。最年少でＮＨＫのコラム等を担当し、政府委員や大学の教授・副学長などを務めた経歴を持つ。

これまでに指導した人は200万人を超える。学校教育の枠を越え、人間そのものの分析・育成に向かう総合化の最前線に位置している。また400を超す大手企業、自治体の構成員の論作文などの分析に赴き、人材不況・教育不在の今日、人事政策支援など言語政策・国語政策を軸に積極的な教育顧問活動を推進している。年間に目を通す作文・小論文の数は16万通にもおよぶ。

所長を務める国語作文教育研究所では、作文・表現教育の実践の場として子どもから大人までを指導。表面的な指導にとどまらず根源・内面に分け入り、思考法や視点・観点の読解などといった基礎領域の活性化に着目した活動は、表現教育の最前線に位置している。

テレビへの出演や新聞への連載・寄稿も多数あり、「宮川俊彦の甘辛時評」（フジサンケイビジネスアイ）、「とっちゃまんのサンデー特講」（毎日小学生新聞）などを連載。特に教育問題に関しての鋭利なコメントは他の追随を許さない。

教育問題、親子問題、少年犯罪などを中心に、現在130冊を超える著作を世に送り出している。主な著書に『家庭でできる10分作文』（小学館）、『北風は太陽に負けない！――脱・常識的思考の方法論で勝ち残る！』（角川書店）、『表現力があなたを変える――本を読もう文章を書こう』（集英社）、『ハッ！とさせるための「文章力」入門』（学習研究社）、『本当の日本語力もってますか』（徳間書店）などがある。

本文デザイン＆DTP／白石知美（株式会社システムタンク）
本文イラスト／富永三紗子

これだけは知っておきたい「作文」「小論文」の書き方

2011年10月28日　初版発行
2023年1月23日　8刷発行

著　者　宮川俊彦
発行者　太田　宏
発行所　フォレスト出版株式会社
〒162-0824 東京都新宿区揚場町2－18　白宝ビル7F
電話　03-5229-5750（営業）
03-5229-5757（編集）
URL　http://www.forestpub.co.jp

印刷・製本　日経印刷株式会社

ISBN978-4-89451-462-1　Printed in Japan